Andrea Dee

Müssen Frauen Mütter sein?

Die neue Kinderlosigkeit

Ueberreuter

Die Deutsche Bibliothek – CIP-Einheitsaufnahme

Dee, Andrea:
Müssen Frauen Mütter sein? : die neue Kinderlosigkeit /
Andrea Dee. – Wien : Ueberreuter, 1999
ISBN 3-8000-3720-3

AU 0475/1

Umschlagfoto: Pictor

Printed in Austria
7 6 5 4 3 2 1

Inhalt

Vorwort

Das Kinderkriegen – die »öffentlichste Privatsache der Welt« – ist ins Gerede gekommen. Und viele melden sich zu Wort: die Politiker, die Sozialversicherer, die Soziologen. Sie alle beklagen sinkende Geburtenraten.
Aber wollen sie wirklich mehr Kinder oder nur mehr Steuer- und Sozialversicherungszahler?
Sind nicht schon die Kinder und Jugendlichen, die es »gibt«, eigentlich »überflüssig« – zumindest was den Arbeitsmarkt betrifft?
Ist die zunehmende Kinderlosigkeit ein Ausdruck eines neuen Selbstbewußtseins der Frauen – oder nur ein dramatisches Zeichen zunehmender Beziehungslosigkeit?
Sind kinderlose Frauen vergnügungssüchtige Egoistinnen, oder folgen Mütter dem »Egoismus der Gene«?
Sind Frauen mit Kinderwunsch selbstlose Idealistinnen? Verzichten Kinderlose auf ein »Menschenrecht« und die Erfüllung ihres Lebens?
Viele Frauen haben keine Kinder, weil sie nicht Mütter werden wollen, aber immer mehr bleiben ungewollt kinderlos. Ist die boomende Reproduktionsmedizin der Ausweg aus der Krise oder eine Falle für Mütter, Väter, Kinder?
Warum wird in den westlichen Industriestaaten nach »mehr Kindern« gerufen, während in anderen Weltgegenden Überbevölkerung das drängendste Problem darstellt? Ist der »Kindermangel« nur ein Problem der »Kinderverteilung« – oder überhaupt eine Chimäre?
Viele Fragen zu einem Thema, das sich in früheren Zeiten von selbst regelte. Heute steht es uns dank effizienter Verhütungsmethoden frei, uns fortzupflanzen oder auch nicht. Und wie-

der einmal zeigt sich: Freiheit ist auch eine Last. Wer wählen kann, hat die Qual der Wahl.

Wie schwer diese fallen kann, merkt man nicht zuletzt an den Frauen und Männern, die auf den folgenden Seiten zu Wort kommen. Ihre Namen und auch die Angaben zur Person wurden verändert, denn über die »öffentlichste Privatsache der Welt« spricht niemand gern – zumindest dann nicht, wenn wirklich ehrliche Antworten gefragt sind.

Die Brisanz der »neuen Kinderlosigkeit« zeigte sich aber nicht nur in den Interviews, sondern im wahrsten Sinn tagtäglich – während der Arbeit an diesem Buch verging nämlich kein Tag ohne Medienmeldungen zum Thema: Soll es ein »Gehalt« für Eltern geben? Sind hormonähnliche Chemikalien, die in vielen Gebrauchsartikeln enthalten sind, an der zunehmenden Unfruchtbarkeit in den Industriestaaten schuld? Bleiben »Scheidungskinder« eher kinderlos, weil sie die Beziehungsunfähigkeit ihrer Eltern »erben«?

Die »öffentlichste Privatsache der Welt« ist ins Gerede gekommen, und die Diskussionen darum reißen nicht ab. Dieses Buch will Fragen stellen und Antworten geben, die bisher nicht oder zu selten zu hören waren.

Andrea Dee

Die öffentlichste Privatsache der Welt

Einleitung

»Als ich ein kleines Mädchen war – vielleicht so vier Jahre –, hat meine Mutter ein Spiel mit mir gespielt. Wenn ich beim Aufräumen in ihrer Nähe war, hat sie mich plötzlich gepackt und aufs Bett geworfen. Dann hat sie ein Kissen auf mein Gesicht gedrückt – kurze Zeit ganz fest, dann wieder weniger, dann wieder fester. Sie hat gelacht dabei, für sie war alles einfach ein Spaß, aber ich hatte Todesangst. Nach einiger Zeit habe ich eine Strategie entwickelt: Ich habe mich beim Hinfallen auf den Bauch gedreht und versucht, einen Arm vors Gesicht zu heben. Sie hat das Kissen dann zwar auf meinen Hinterkopf gedrückt, aber zwischen meinem Arm und der Matratze ist ein kleiner Hohlraum geblieben und ich konnte weiteratmen. ›Schwitzpolster‹ hat sie dieses Spiel genannt – und heute weiß ich, daß es auch für sie mehr war als eine Balgerei.

Sie war noch nicht einmal 18, als ich geboren wurde. Sie hat mir zwar immer erzählt, sie und mein Vater hätten mich gezeugt, um heiraten zu dürfen, aber ich denke, ich war ein ›Unfall‹ wie Tausende andere auch in den 50er Jahren. Ihre Eltern waren entsetzt über die Schwangerschaft, schließlich war auch mein Vater erst 21; die beiden waren nichts, hatten gerade die Lehre beendet, besaßen nichts.

Die Geburt war für meine Mutter traumatisch. ›Sei ru-

hig, wie du das Kind gemacht hast, hast du auch nicht geschrien!‹ hat sie die Hebamme in den Wehen angefahren. Nach der Geburt ist sie sehr dick geblieben, als sie vier Jahre später mit meinem Bruder schwanger war, hat sie noch mehr zugenommen. ›Ohne Kinder hätte ich heute noch eine gute Figur!‹ war einer ihrer Standardsätze.
Ich glaube, sie hat es im Innersten sehr bereut, uns Kinder bekommen zu haben. Sie war sehr jung und konnte ihre Jugend dennoch nicht auskosten. ›Wir haben für euch auf viel verzichtet!‹ haben wir ebenfalls immer zu hören bekommen. Ich glaube, im Spiel ›Schwitzpolster‹ hat sie ihre verdrängten Aggressionen auszuleben versucht, hat sich symbolisch befreit, das getan, was ihr ›im wirklichen Leben‹ unmöglich war. Mit dem ›Schwitzpolster‹ hat sie ihr Kind getötet, um endlich selbst leben zu können. Sie hat versucht, mich zu ersticken, weil sie selbst – subjektiv – am Ersticken war.
Ich glaube, daß mich diese frühen Erfahrungen sehr geprägt haben. Daß ich selbst keine Kinder habe, hat natürlich auch andere Ursachen – aber ich bin sicher, daß ich die Sicht meiner Mutter übernommen habe. Sie meinte dadurch, daß sie einem Kind das Leben geschenkt hat, ihr eigenes Leben verloren zu haben. Und ich fürchte, daß es mir genauso gehen könnte.
Selbstverständlich hätte ich gerade auch deshalb Kinder haben können, hätte es besser machen können. Gut machen, was an mir falsch gemacht wurde. Aber dafür bin ich einfach nicht stark genug.«

Monika S., Grafikerin

Es gibt viele Gründe, kinderlos zu bleiben. Psychische, soziale, medizinische. Wenn eine Frau gefragt wird, warum sie keine Kinder hat, wird sie diese Frage niemals mit nur einem Satz beantworten können. Auch wenn eine Mutter gefragt wird,

warum sie sich für Kinder entschieden hat, wird sie keine simple, einfache Antwort parat haben.
Dennoch gibt es einen grundlegenden Unterschied zwischen beiden: Die »Nur-Frau«, die »Nicht-Mutter« wird versuchen, sich zu rechtfertigen, wird – zumindest im Ansatz – schlechtes Gewissen zeigen. Wird Wert darauf legen festzustellen, daß sie »keine Egoistin«, sondern durchaus »kinderlieb«, aber eben noch nicht dem Richtigen begegnet sei, und außerdem könne, was nicht ist, ja noch werden: Sie hätte sich »ja noch nicht endgültig entschieden«.
Frauen, die nicht Mütter sind, werden das Gefühl nicht los, nicht wirklich so zu sein, wie sie sein sollten. Sie weisen ein Defizit auf. Und in jüngster Zeit wird ihnen das zunehmend bewußter gemacht: Die »kinderlose Frau« hat nicht nur ein Problem, sie ist selbst zum öffentlichen Problem geworden.
Denn die »Kinder-Verweigerinnen« werden, so scheint es, immer mehr – zumindest in den westlichen Industriestaaten. Die ohnehin niedrigen Geburtenraten gehen weiter rasant zurück, statistisch gesehen bringt jede Frau in Österreich nur noch 1,4 Kinder zu Welt, in Deutschland gar nur noch 1,2. Anfang der 60er Jahre betrug der Wert in beiden Staaten um die 2,5, noch 1970 hatten die Frauen im deutschsprachigen Raum im statistischen Mittel 2,2 Kinder.
Demoskopen schlagen bereits Alarm. Wurde in Deutschland und Österreich 1950 noch beinahe ein Viertel der Bevölkerung von Kindern unter 15 Jahren gestellt und 1960 immerhin noch 22 Prozent, so beträgt der Wert heute gerade noch etwas mehr als 15 Prozent. Kehrt sich der Trend nicht rasant um, wird in knapp 30 Jahren die Zahl der Kinder und Jugendlichen unter 15 Jahren auf ganze 10 Prozent der Gesamtbevölkerung geschrumpft sein, 40 Prozent der Bevölkerung werden 60 sein und älter.
Diese Entwicklung macht nicht nur Kinderfreunden Angst: Wie soll eine so »alte« Welt funktionieren, wie wäre das Rie-

senheer der Pensionsempfänger noch zu finanzieren, wenn jeder Erwerbstätige auch noch die Mittel für – zumindest – einen »Alten« erwirtschaften muß?

Der Politik bereitet diese Entwicklung Sorgen, und manche Volksvertreter haben auch schon die Schuldigen am Desaster geortet: die Frauen. Schließlich sind sie es, die ihre Pflicht zur Mutterschaft vernachlässigen, sich weigern, das zu tun, was bislang nur sie können: Kinder kriegen.

Appelle, sich doch wieder auf die Freuden der Mutterschaft zu besinnen, bekommen Frauen allenthalben zu hören. Selbst Zwangsmaßnahmen werden ab und an schon erwogen. So unternahm etwa der österreichische Verteidigungsminister Werner Fasslabend in seiner Funktion als Chef des »schwarzen« Arbeiter- und Angestelltenbundes einen Versuch, die Damen zur Ordnung zu rufen: Frauen, die keine Kinder haben, sollen auch nicht früher als die Männer in Pension gehen dürfen. Der nicht gerade populäre Vorschlag war allerdings schnell wieder vom Tisch.

Die einen setzen auf Drohungen, die anderen auf positive Motivation. Kaum in Amt und Würden, erhöhte die rot-grüne Regierung in Deutschland das Erziehungsgeld per 1. Januar 1999 um monatlich 30 Mark.

Der österreichische Familienminister Bartenstein versucht es nicht mit Geld, sondern mit Werbung: Er gewann Firmen, deren Produkte ohnehin über »Familienimage« verfügten, für eine Werbekampagne. Umgerüstete TV-Spots sollten Stimmung machen: Wo der Teekessel singt, wurde für die heile Welt mit Mutter, Vater, Kind geworben. Wie erfolgreich, wird sich weisen.

Sag mir, wo die Kinder sind ...

Was die Gesellschaft von Müttern will

Früher war alles ganz einfach: verliebt, verlobt, verheiratet, Kindersegen. Heute sieht die Realität anders aus: Jede vierte – nach manchen Statistiken sogar jede dritte – Ehe in Deutschland und Österreich wird geschieden. Die Zahlen in den übrigen westlichen Industriestaaten bewegen sich in vergleichbarem Rahmen, in den USA endet bereits jede zweite Ehe vor dem Scheidungsrichter. Immer mehr Mütter sind alleinerziehend, immer weniger Frauen haben immer weniger Kinder.

Was ist geschehen, wo ist sie hin, die heile Welt der Familie?

Nun, wirklich heil war die Familienwelt auch in früheren Zeiten nicht. Nüchtern betrachtet war die Familie häufig eine reine Zwangsgemeinschaft. Eine Frau konnte eigentlich nur als Ehefrau existieren, nur als Mutter konnte sie mit einem Mindestmaß an sozialem Ansehen rechnen. Und die Kinder kamen zwangsläufig: Empfängnisverhütung war ein Fremdwort, und die »Engelmacherin« brachte gegebenenfalls nicht nur das ungewollte Kind, sondern auch seine Mutter ums Leben.

Mütter lebten generell gefährlich: Mitunter »verbrauchte« ein Ehemann zwei oder gar drei Frauen, bis er selbst in die Jahre kam. Viele Frauen überlebten die Geburt nicht, noch mehr starben im Kindbett. Häufig folgte ihnen der Säugling bald nach – die Kindersterblichkeit war bekanntermaßen noch bis um die Jahrhundertwende hoch.

Auch die Lebenswelt der Kinder, die überlebten, war keineswegs so idyllisch, wie man glauben möchte – zumindest bei der armen Masse des Volkes: Die älteren Geschwister mußten für die jüngeren sorgen, schon Kinder mit fünf, sechs Jahren wurden als Arbeitskräfte eingesetzt, mit neun, zehn Jahren mußte der Nachwuchs der ärmeren Schichten mitunter bereits »in den Dienst« gehen, um sich den Lebensunterhalt zu verdienen.
Mutterliebe gibt es seit Anbeginn der Zeiten, dennoch ist anzunehmen, daß die Zahl und die Schwierigkeiten rund um die Geburten die Frauen früherer Jahrhunderte schwer bedrückten.
Heute ist es uns möglich, die Zahl unserer Kinder zu beschränken, und die Frauen machen auch Gebrauch von dieser Möglichkeit – und immer mehr von ihnen sogar so effektiv, daß sie ganz aufs Kinderkriegen verzichten.
Dabei haben Schwangerschaft und Geburt heute einen besonderen Stellenwert bekommen. Weil die Fortpflanzung keine zwingende Folge der Begegnung zwischen Mann und Frau mehr ist, hat sie eine signifikante Aufwertung erfahren.

Die Frau als »kinderproduzierender« Besitz des Mannes: Mehr als 95 Millionen afrikanische Frauen müssen mit verstümmelten Genitalien leben. Das gilt für das beliebte Urlaubsland Ägypten (Bild S. 15) genauso wie für Mali (S. 14); in dem westafrikanischen Binnenstaat werden 80 Prozent der Mädchen »beschnitten«. Auch in Somalia, Kenia, Äthiopien und Nigeria ist das grausame Ritual üblich.

Rund um die bloß biologische Mutterschaft sind viele Möglichkeiten entstanden, Schwangerschaft, Geburt und das Heranwachsen der Kinder bewußt zu gestalten und zu erleben. Dennoch verzichten immer mehr Frauen auf ein Erlebnis, das bislang nur sie haben können – die »Männerschwangerschaft« ist nach wie vor Utopie oder der Stoff für Hollywood-Komödien.

Und Schwangerschaft, Geburt und das Leben mit dem eigenen Kind sind noch viel mehr: Das Recht, sich fortpflanzen zu können, wird als fundamentales Menschenrecht gesehen. Nicht von ungefähr hat etwa in jüngster Zeit wiederholt das Bekanntwerden von Zwangssterilisierungen von geistig Behinderten heftige Diskussionen hervorgerufen.

Ein Baby zu bekommen, das ist eine persönliche Entscheidung, und eine der intimsten: Leben schenken, Leben schaffen, das eigene Leben fortsetzen, einen neuen Menschen in die Welt setzen – das ist eine beispiellose Verantwortung und eine beispiellose Chance, möglicherweise auch das größte Glück.

Ein Kind zu bekommen ist aber auch ein Akt von öffentlichem Interesse. Ob eine Frau Mutter wird, ist ihre private Entscheidung, doch das Ergebnis dieser Entscheidung beschäftigt Politiker, Demoskopen, Soziologen. Zu wenige Kinder, zu viele Kinder – in Summe sind die privaten Entscheidungen der Frauen von globaler Relevanz.

Kinder? Nein danke!?

Der Geburtenrückgang hat viele Gründe – manche beschäftigen die Soziologen, manche die Psychologen, manche die Mediziner.

Verblüffend ist und bleibt, daß gerade heute das Kinderkriegen aus der Mode kommt, wo doch – trotz mancher wirtschaftlicher Turbulenzen – in den Industriestaaten ein Wohlstand herrscht, von dem sämtliche Generationen seit Anbeginn der Zeiten nur träumen konnten. Die Lebenserwartung ist höher denn je, die medizinische Versorgung – selbst in weniger »sozialen« Staaten – auf hohem Niveau jedermann zugänglich. Kinder- und Karenzgeld bieten eine nie gekannte Sicherheit, selbst dort, wo die Arbeitsmarktlage angespannter ist, sichern Unterstützungen der öffentlichen Hand doch wenigstens den Lebensunterhalt.

Selbst in den dunkelsten Zeiten – während der Kriege, in den Notjahren danach und in Zeiten dramatischer Wirtschaftkrisen – wurden mehr Kinder geboren als heutzutage.

»Familie« ist zwar nach wie vor ein angesehener Wert – doch mit der praktischen Umsetzung gibt's offensichtlich zusehends Probleme. »Vater, Mutter, Kind« – bezeichnend, daß Kinder heute andere Spiele bevorzugen.

In manchen Kulturkreisen beginnt soziales Ansehen mit der Mutter- und Vaterschaft. Wir haben uns von solchen soziokulturellen »Fesseln« befreit – und Freiheit bedeutet für immer mehr Frauen und Männer ein Leben ohne Kinder.

Möglicherweise liegt der Grund für den Kinderschwund aber auch nur in der Freiheit der Wahl. Früher kam der Nachwuchs einfach – nur wer enthaltsam lebte, lebte ohne Kinder. Heute wird verhütet – so effektiv, daß manchen Politikern und Soziologen angst und bang wird.

Vielleicht gilt ja auch fürs Familienleben: »Der Appetit kommt beim Essen!« Wer's gar nie versucht, kommt eben erst gar nicht in Versuchung. Man kann nur lieben, was man kennt – und wer sich nie aufs Eltern-Sein einläßt, lernt Elternfreuden erst gar nicht kennen.

Tatsache ist: Selbst wenn es für die Familie noch nicht zu spät ist, so fällt die Entscheidung dafür doch später als in früheren Zeiten. In Österreich heiraten Männer heute im statistischen Durchschnitt mit 32, Frauen mit 29 Jahren, in Deutschland treten Männer sogar erst mit 33, Frauen mit 30 in den Stand der Ehe. Noch 1960 lag das durchschnittliche Heiratsalter um mehr als fünf Jahre niedriger. Zur Tatsache der »späten Hei-

rat« haben auch Mediziner etwas zu sagen – denn je später eine Frau eine Schwangerschaft anstrebt, umso größer ist das Risiko, daß sie bei der Empfängnis Probleme hat. Ab dem 35. Lebensjahr dauert es zum Beispiel bereits durchschnittlich 18 bis 24 Monate, bis die Zeugung »klappt«.
Daß Zeit ein Faktor bei der Empfängnisverhütung ist, wußte man auch in Maos China: Um den erwünschten Stopp beim Bevölkerungswachstum zu erreichen, galt es als »unschicklich« und »volksschädigend«, vor dem 28. Lebensjahr zu heiraten.

Lasset die Kindlein ...

Bezeichnend auch, daß Empfängnisverhütung – und erst recht die Abtreibung im Rahmen der Fristenlösung – von der katholischen Kirche, aber auch von anderen Glaubensgemeinschaften vehement bekämpft wurde und wird.
Wer jahrhunderte- oder gar jahrtausendelang die eigene Macht aus den Ängsten und Hoffnungen der Menschen bezieht, weiß wahrscheinlich auch über andere menschliche Züge Bescheid. »Viel Mühsal bereite ich dir, sooft du schwanger wirst. Unter Schmerzen gebierst du Kinder«, kündigt Jahwe im Alten Testament an – und seine Kirchen predigen bis heute Tod und Verdammnis für den Fall, daß sich seine Menschentöchter aus der Verantwortung stehlen wollen.
Im Licht der jüngsten Ereignisse erscheint das biblische »Seid fruchtbar und vermehrt euch« durchaus gerechtfertigt: Offensichtlich nützen Evas Töchter die Möglichkeit, sich von der Bürde der Mutterschaft zu befreien, weidlich aus, wenn sie sich bietet.
Auch rein weltliche Machthaber haben seit jeher die zentrale Bedeutung der Fortpflanzung erkannt. Das Nazi-Regime hat einiges darangesetzt, »Übermenschen« zu züchten und »Untermenschen« an der Vermehrung zu hindern. Die »Wunschkinder« des rumänischen Diktators Ceaușescu leiden noch

heute in Kinderheimen: Geburtenkontrolle war unter seinem Regime unerwünscht, Abtreibung verboten – Frauen wurden gezwungen, ungewollte Kinder zu gebären, auch wenn diese dann in Heime kamen, wo viele von ihnen unter unwürdigsten Bedingungen dahinvegetieren mußten.

(Re-)Produktionsmittel Frau

Diktatoren hatten seit jeher ein massives Interesse daran, die Fortpflanzung ihrer Untertanen zu manipulieren. Sei es, weil sie die Bereitstellung von Kanonenfutter für ihre Feldzüge sichern wollten, sei es, weil sie Arbeitskräfte für ökonomische Schlachten benötigten.

In manchen feministischen Geschichtsbildern wird die Sache auch essentieller gesehen: Danach soll die Unterdrückung der Frauen auf den Neid der Männer auf deren Fruchtbarkeit zurückgehen. Weil Männern keine Kinder gebären können, fühlen sie sich minderwertig – und kompensieren diese Unterlegenheitsgefühle durch die – oft auch brutale – Demonstration ihrer sonstigen körperlichen Überlegenheit. Bilder von Neandertalern, die Frauen an den Haaren in ihre Höhlen schleifen, geistern durch die Populärkultur, der »Raub der Sabinerinnen« wird in hochkulturellen Kunstwerken thematisiert.

Doch vielleicht liegt der Gewaltherrschaft, welche Männer nachweislich seit Jahrtausenden Frauen gegenüber ausüben, gar kein psychologisches Dilemma zugrunde, sondern schlichter Pragmatismus.

Frauen bekommen nun einmal die Kinder, und wer Kinder haben will – zu welchem Zweck auch immer –, benötigt dazu Frauen.

Patriarchalische Gesellschaften haben rund um den Globus unzählige Systeme und Methoden entwickelt, die Frauen dazu zu zwingen, die Mütter »ihrer« Kinder zu werden. Manche sind subtil, manche offensichtlich grausam – und alle haben mit »Besitz« zu tun.

Im kaiserlichen China wurden Mädchen die Füße über Jahre so bandagiert, daß sie sich, wenn sie herangewachsen waren, kaum mehr fortbewegen, geschweige denn »ihren eigenen Weg« gehen konnten – der westliche »Stöckelschuh« soll im übrigen eine kulturell verbrämte Form dieser Praxis sein.
In beinahe 30 Ländern Afrikas werden noch heute täglich 6000 (!) Mädchen verstümmelt. 130 Millionen Frauen wurden an Klitoris und Vulva mit Glasscherben, Rasierklingen und Messern so zugerichtet, daß Sexualität für sie eine einzige Qual ist.
In etlichen islamischen Staaten wird Frauen nicht einmal ein Gesicht zugestanden: Sie existieren nur als Töchter, Schwestern, Mütter.
Die Frauen des Westens haben sich dagegen ein bemerkenswertes Maß an Freiheit erkämpft. Der Kampf war nicht leicht: Noch vor einem Jahrhundert waren Frauen auch bei uns nur als »Gebärerinnen« akzeptiert. Frauenberufe waren – bis das Elend der Fabrikarbeiterinnen seinen Anfang nahm – auf »hausfrauliche Tätigkeiten« beschränkt: Frauen konnten putzen, waschen, kochen, als Ammen und Kindermädchen die Kinder der »Hochwohlgeborenen« betreuen.
Eine höhere Ausbildung, gar ein Hochschulbesuch war – wenn überhaupt – nur mit Ausnahmegenehmigung zu erlangen. Noch 1909 mußte die Kernphysikerin Lise Meitner, die maßgeblich an der Erforschung der Radioaktivität beteiligt war, in einer Werkstatt forschen, weil Frauen der Zutritt zum Chemielabor der Universität Berlin verboten war.
Das »Frauenwahlrecht« war bis in die 20er Jahre eine Utopie, Frauen als aktive politische Mandatare sind noch heute eine Rarität.
Vieles hat sich bis heute geändert, doch echte Emanzipation will bis zur Stunde erkämpft werden. Auch wenn Eltern heute ihren Töchtern eine Ausbildung nicht mehr mit der Erklärung verwehren: »Das Mädel braucht nichts zu lernen, die heiratet

ja doch!« Heute haben – die meisten – Frauen einen Beruf, wenn auch nicht immer die befriedigendsten und bestbezahlten Jobs. Und tatsächlich scheint sich zu bestätigen, wovor stets gewarnt wurde: Mit ihrer steigenden Rolle in der wirtschaftlichen Produktion haben sich die Frauen aus der Reproduktion zurückgezogen.

Kind oder Karriere?

Der Nachwuchs und das liebe Geld

Es gibt viele Gründe, kinderlos zu bleiben – und besonders häufig wird die Tatsache angeführt, daß Kind und Beruf »einfach nicht unter einen Hut zu bringen« wären.
Beruflich engagierte Frauen ohne Kinder sind keine Seltenheit mehr, dennoch sind sie dem Common sense verdächtig. Während erfolgreiche Männer ohne Familie sich keineswegs über einen Mangel an Akzeptanz beklagen können, wird die kinderlose, berufsorientierte Frau nach wie vor als »egoistische, erfolgsgeile Karrierefrau« gesehen, die lieber ihrem Ehrgeiz frönt, als in Liebe zu Ehemann und Kindern aufzugehen.
Geringes Sozialprestige genießt mittlerweile aber auch die »Nur-Hausfrau und Mutter«. Frauen, die als Beruf »Familie« angeben, erscheinen ebenfalls als nicht ganz geheuer, als konservativ, gestrig.

Die Glorie der »Doppelbelastung«

Breite Zustimmung finden dagegen die »berufstätigen Mütter« – doch ihr hohes Sozialprestige ist vorwiegend darauf zurückzuführen, daß sie sich »aufopfern«. Mütter haben immer Opfer zu sein, Heldinnen, die nicht davor zurückschrecken, ihre Sprößlinge auch mit dem eigenen Herzblut zu ernähren.
Tatsächlich ist der Alltag berufstätiger Mütter kein Honiglecken: Nicht von ungefähr spricht man von »Doppelbela-

stung«. Auch wenn die Väter und Ehemänner und auch die Kinder im Haushalt mithelfen, klagen nahezu alle berufstätigen Mütter über Probleme.
Und die sind keineswegs ausschließlich auf den Mangel an qualifizierten Kinderbetreuungsplätzen zurückzuführen: Selbst Frauen, die ihre Kinder gut betreut wissen, die von Müttern, Schwiegermüttern oder anderen Verwandten unterstützt werden, fühlen sich überfordert.
Zur ständigen körperlichen und seelischen Überbelastung kommt auch noch das schlechte Gewissen: So gut wie jede berufstätige Mutter leidet unter dem Gefühl, sich nicht genug um ihre Kinder kümmern zu können.
Tagesmütter und Kindergärtnerinnen erleben die von Schuldgefühlen geplagten Mütter in der täglichen Praxis: Sie müssen viel Fingerspitzengefühl zeigen, wenn die Kinder verlauten lassen, sie würden lieber bei der »Tante« bleiben, mit der sie viele Stunden des Tages verbringen, als bei der eigenen Mutter, die sie in summa eigentlich nur wenig zu Gesicht bekommen. Zwar haben Untersuchungen gezeigt, daß weniger die Länge der miteinander verbrachten Zeitspanne als vielmehr die Intensität der Zuwendung entscheidend ist für die Beziehung der berufstätigen Mutter zu ihrem Kind – doch vor und nach einem ermüdenden Arbeitstag bleibt meist nur wenig Energie für besondere Beziehungsintensität.
Andererseits präsentieren die Medien immer wieder neue, strahlende Herzeigemütter, die Job und Familie locker schaffen – und dabei noch Zeit für Hobbys, Schönheitspflege und Spaß mit den Freundinnen finden.
Selbstverständlich sind die Buchautorinnen und Talkshow-Gäste, die da über die Freuden von Mutterschaft und Job berichten, allesamt in höheren Positionen tätig: Nicht die Supermarktkassierin oder die Kaufhaus-Verkäuferin glänzen da in der Doppelrolle, sondern »Karrierefrauen«, die aus purer Lust am Job arbeiten. Und dennoch so viel Cash dabei machen, daß

es auch nicht am nötigen Kleingeld mangelt, um ihren ausgefüllten Alltag – mit Kindermädchen, Putzfrau und zusätzlich noch der Mama als Mädchen für alles – zu organisieren.

Kinderlose Emanzen?
Kinder zu haben und einem Beruf nachzugehen mag belastend sein, dennoch ist Berufs- und Erwerbstätigkeit ein sicherer Parameter für die Gleichberechtigung der Frau. Nur wenn Frauen die Möglichkeit haben, wirtschaftliche Unanhängigkeit zu erlangen, können sie sich auch von anderen Abhängigkeiten befreien.
Und so wie Erwerbstätigkeit und Emanzipation korrelieren, gehen auch Berufstätigkeit und geringere Kinderzahl Hand in Hand. Während etwa in Österreich und Deutschland über 60 Prozent der Frauen erwerbstätig sind und pro Kopf 1,4 bzw. 1,2 Kinder haben, verfügen in der Türkei bei 2,7 Kindern pro Frau nur rund 33 Prozent der Frauen über ein eigenes Einkommen. In Algerien, wo pro Frau rund 3,5 Kinder geboren werden, sind nur 4 Prozent der Erwerbstätigen Frauen, in den Vereinigten Arabischen Emiraten mit 3,6 Kindern pro Frau ganze 6 Prozent.
Doch die Möglichkeit, einen Beruf auszuüben, ist nicht genug. Vor und nach der Geburt eines Kindes ist jede Frau gern »arbeitslos«, dennoch gewähren auch manche »reichen« Länder keine Mutterschutz-Fristen: So besteht etwa in den USA und in Australien kein bezahlter Mutterschutz.

Alles – oder nichts?

Die Zweifel am »allumfassenden« Lebenskonzept »Kind und Karriere« beginnen sich denn auch zu häufen: Neben den optimistisch betitelten Lebenshilfebändchen, die Frauen Ratschläge geben, wie sie's schaffen, gleichzeitig beruflich erfolgreich, lieb zum Kind und auch noch toll im Bett zu sein, findet

Job und Baby. Immer mehr Frauen entscheiden sich für ersteres und gegen letzteres. Doch ist die Kinderlosigkeit wirklich eine »freie Entscheidung«? Der Arbeitsmarkt verzichtet jedenfalls nur zu gern auf Frauen mit Kind.

sich zunehmend auch andere »Frauenliteratur«. »Macht Arbeit Frauen wirklich glücklich?« wird da etwa gefragt, oder »Alles erreicht und doch nicht angekommen?«. »Nach ein paar Jahren generalstabsmäßiger Organisation zwischen Buddelkiste*, Büro und Beziehung sind viele Hoffnungen auf der Strecke geblieben. ... Diese Art von Emanzipation erhebt in alter Manier das Entbehren zur weiblichen Norm«, konstatiert etwa die »Psychologie heute«-Autorin Gerlinde Unverzagt. Einen Ausweg aus dem Dilemma kann auch sie nicht benennen – wie denn auch: »Frauen müssen sich entscheiden, auf Mann

* *Österreichisch für »Sandkiste«*

und Kinder zu verzichten, wenn sie sehr erfolgreich im Beruf sein wollen. Dabei ruinieren doch nicht die Kinder das Leben ihrer Mutter, sondern alle anderen!«

Kind oder Karriere – der Streit der Fraktionen geht also weiter. Im klassischen Feminismus wurde ja vor allem für das Recht der Frauen gekämpft, keine Kinder bekommen zu müssen. »Mein Bauch gehört mir!« war nicht nur der Slogan jener Frauen, die für die Straffreiheit der Abtreibung kämpften. »Mein Bauch gehört mir!« war auch eine Kampfansage an all jene – Männer *und* Frauen –, die in einer Frau in erster Linie eine Gebärmaschine sahen. »Vor dem ersten Kinderschrein muß ich mich erst mal selbst befrein!« verkündete stimmgewaltig die Deutsch-Punkerin Nina Hagen. Seither wurde sie selbst Mutter ihres Sohns Otis – nicht nach der Soul-Legende Otis Redding, sondern nach jener Aufzugsfirma benannt, deren Produkt die schwangere Nina bevorzugt benützte.

Sie hatte sich offensichtlich genügend frei gemacht, vielen anderen gelingt das nicht – denn die Verhältnisse, die sind eben nicht so. Im Gegenteil: Viele gesellschaftliche Fortschritte in Richtung »Gleichberechtigung und Gleichstellung der Frau« werden durch die Verschärfung der wirtschaftlichen Lage in den letzten Jahren de facto wieder rückgängig gemacht.

So wurde etwa der »Karenzurlaub für Väter« aufs heftigste propagiert und auch per Gesetz möglich gemacht – in der Realität wird die Möglichkeit von den Vätern aber nur sehr zögerlich angenommen.

1997 nahmen zum Beispiel in Wien gezählte 63 Männer Karenzurlaub, das sind ganze 1,7 Prozent der prinzipiell möglichen »Karenzväter«. Wobei die Wiener Väter sogar als besonders »emanzipiert« gelten müssen: Österreichweit nahmen nämlich nur 0,99 Prozent aller Väter die Möglichkeit eines Karenzurlaubes wahr. In Deutschland liegt die Zahl der Väter, die Erziehungsurlaub nehmen, mit 2 Prozent zwar rund doppelt so hoch, sie ist aber immer noch verschwindend gering. Wo-

bei wahrscheinlich nicht ein Mangel an Liebe zum Kind für die geringe Karenzfreudigkeit der Männer verantwortlich ist – vielmehr gehen Experten von finanziellen Gründen aus: Männer verdienen besser als Frauen, verzichten sie aufs Einkommen und entscheiden sich fürs Karenz- bzw. Erziehungsgeld, geht der Familie mehr Budget verloren, als wenn die im Job ohnehin schlechter bezahlte Kindesmutter daheim bleibt.
Außerdem wird die Väter-Karenz hauptsächlich in »geschützten Bereichen«, etwa im öffentlichen Dienst, wahrgenommen. In der rauhen wirtschaftlichen Wirklichkeit wagen es dagegen nur wenige Väter, fürs Baby dem Arbeitsplatz den Rücken zu kehren. Auch wenn die gesetzliche Verpflichtung besteht, Karenzurlauber nach Ende der Karenz weiter zu beschäftigen, fürchten Väter – und Mütter – um ihren Arbeitsplatz.
Denn auch die Frauen bekommen zu spüren, daß immer weniger Verständnis fürs Kinderkriegen herrscht. »Haben Sie eigentlich die Absicht, in absehbarer Zeit ein Kind zu bekommen?« – diese Frage ist bei vielen Personalchefs wieder obligatorisch. Nicht nur wegen der möglichen »Babypause«, sondern auch weil Mütter als »unzuverlässige Arbeitskräfte« gelten: Schließlich gibt's doch »Kinderkrankheiten«, und Mütter haben gesetzlichen Anspruch auf Pflegeurlaub.
In gesicherten, arbeitsgesetzlich geregelten Beschäftigungsverhältnissen haben Frauen – und Väter – wenigstens die Möglichkeit, ihr Recht einzuklagen. Ob man so einen Konflikt tatsächlich austrägt und damit den endgültigen Jobverlust riskiert, ist allerdings fraglich. In den immer häufigeren »ungeregelten« Jobs fällt der Schutz von Mutter und Kind aber generell weg: Wer freiberuflich ist, hat in Österreich erst seit Mitte 1998 Anspruch auf »Wochengeld« vor und nach der Geburt, Karenzgeld gibt es für »freiberufliche«, »minderbeschäftigte« und »Werkvertrags-Mütter« allerdings weiterhin nicht. Nur Frauen, die unters Existenzminimum fallen, erhalten eine kleine Unterstützung der öffentlichen Hand, die aber weit unter

dem gesetzlichen Karenzgeld liegt. Auch in Deutschland sind Mütter ohne Pflichtversicherung häufig ein Fall für die Sozialhilfe.
Vor diesem Hintergrund muß auch die immer öfter gehörte Forderung von Wirtschaftsvertretern und Politikern nach »mehr Selbständigkeit« kritisch betrachtet werden: Von der eigenen Firma gibt's weder Karenz- noch Pflegeurlaub. Und selbständig erwerbstätige Mütter schauen auch beim Karenzgeld durch die Finger. »Babypause« gibt's für »selbständige« Mütter keine – die fallen mitsamt ihrem Kind in ein soziales schwarzes Loch.

Schwangere – Menschen zweiter Klasse?
Daß schwangere Frauen mitunter nicht nur Probleme haben, einen Sitz in der U-Bahn zu ergattern, zeigen die Erfahrungen einer Oberösterreicherin in guter Hoffnung. Diese wandte sich im April 1998 ans österreichische Frauenministerium, weil sie feststellen mußte, daß Versicherungen Frauen »in guter Hoffnung« gegebenenfalls im Regen stehen lassen. Anläßlich einer Auslandsreise wurde sie mit der Tatsache konfrontiert, daß im Fall einer Schwangerschaft der Reiseunfallversicherungsschutz ihrer Kreditkarte ausgesetzt wird: Während für andere Kreditkartenkunden finanzielle Hilfe im Unfalls-Fall – etwa die Rückführung in ein heimatliches Krankenhaus – selbstverständlich ist, haben Schwangere keine derartigen Ansprüche. Weitere Recherchen ergaben, daß sich auch andere Reiseunfallversicherungen bei Unfällen von schwangeren Frauen als nicht zuständig erklären. Ein weiteres Beispiel für die Tatsache, daß Frauen mit Kind im Bauch aus wirtschaftlicher Sicht als »Risiko« eingestuft werden.

Kündigungsgrund »Schwangerschaft«

Frauen, die ein Baby bekommen (wollen) und sich in einem »festen« Beschäftigungsverhältnis befinden, haben Anspruch darauf, nach Ende des Karenzurlaubs wieder in ihren Job einsteigen zu können. Dennoch wird Frauen immer öfter der Eindruck vermittelt, schwanger bzw. »mit Kind« seien sie unerwünscht.

Wobei sich selbst die Reichen und Schönen mit Diskriminierungen konfrontiert sehen. Im Dezember 1997 machte die Schauspielerin Hunter Tylo Schlagzeilen: Sie war vom TV-Mogul Aaron Spelling für die Teenie-Kultserie »Melrose Place« engagiert worden. Als sich bei Drehbeginn herausstellte, daß sie schwanger war, wurde sie gefeuert. Spelling hatte sie aufgefordert, das Kind abzutreiben – was ihn letztendlich 62 Millionen Schilling kostete. Diese Summe wurde der werdenden Mutter vom Gericht als Schadenersatz für den Rausschmiß und die beleidigende Aufforderung zugesprochen. Normalsterbliche Schwangere kommen bei Konflikten in der Regel nicht nur finanziell weit weniger gut weg – wie aus Gewerkschaftkreisen zu hören ist.

Gegebenenfalls sind Frauen ihren Job sogar los, nur weil sie versuchen, ein Kind zu bekommen: So gab das Arbeitsgericht im deutschen Elmshorn einem Arbeitgeber recht, der eine Angestellte entlassen hatte, weil sie sich bemühte, per künstlicher Befruchtung schwanger zu werden.

Der Druck wächst: Immer häufiger schöpfen berufstätige Frauen ihre Karenzansprüche gar nicht aus, gehen bereits früher wieder in den Job zurück oder arbeiten »frei« während der Karenzzeit weiter. Nur wer willig ist und universell verfügbar, hat Chancen auf Weiterbeschäftigung.

Eine weitere Möglichkeit ist der – langsam doch häufigere »Telearbeitsplatz«. Da kann die junge Mutter daheim bleiben und trotzdem jobben. Die Probleme der neuen Arbeitsform

werden bereits heftig diskutiert: Wo hört die »freie Zeiteinteilung« auf und wo beginnt die »Sklaverei«? Wie schafft man es, sich soweit abzugrenzen, daß der Job nicht alle anderen Lebensbereiche durchdringt? Schafft die »kreative Arbeitsform« wirklich mehr Freiraum oder reibt sich die junge Mutter endgültig auf zwischen Kind und Computer?
Auch hier fordern die Gewerkschaften Sicherheit und klare Fronten, doch ihre Proteste sind zahnlos. Wer fürchten muß, bald ohne Job dazustehen, läßt sich manches gefallen. Und Frauen verlieren ihren Arbeitsplatz eben noch schneller als Männer: Während etwa von Februar 1997 bis Februar 1998 die Arbeitslosenrate in Österreich bei Männern um 1,7 Prozent zunahm, stieg der Wert bei Frauen um 3,4 Prozent. Die Sozialpolitiker schlugen wieder einmal Alarm – und einmal mehr ohne Erfolg. Nicht nur die Armut, auch die Arbeitslosigkeit ist weiblich …

Kein Geld für Kinder?

Globalisierungsfallen für die Frauen

Die Hiobsbotschaften reißen nicht ab. In Deutschland schrumpft die Bevölkerung – trotz Zuwanderung – jährlich um einen zehntel Prozentpunkt, die österreichische Geburtenstatistik von Januar bis September 1997 hatte überhaupt regelrecht Alarm ausgelöst: Im Vergleich zum Vorjahr sank die Geburtenrate in diesen Monaten um 3 Prozent. Doch es sollte noch dicker kommen: Im Oktober kamen bereits um 9,4 Prozent, in November und Dezember gar 12,7 bzw. 11,9 Prozent weniger Kinder zur Welt – de facto bedeutet das, daß 1997 um rund 9000 Österreicher weniger geboren wurden als 1996. Die Bevölkerungsstatistiker sprechen von einem »historischen Tiefstand«, über die Gründe des dramatischen Rückgangs herrscht Uneinigkeit.

Zukunftsangst statt Familie

Manche meinen »finanzielle Gründe«, etwa die Folgen der diversen EU-Sparpakete – wie die Abschaffung der Geburtenbeihilfe oder die Kürzung der Karenzzeit – haben den Frauen die Lust aufs Kind verdorben. Andere halten die »Jahrhundert-Theorie« für ein Erklärungsmodell: Gegen Ende des Jahrhunderts würden die Zukunftsängste immer ansteigen. Diese mögen bei den sinkenden Geburtenzahlen tatsächlich die entscheidende Rolle spielen, allerdings keineswegs irrationale Ängste in bezug auf die Jahrhundert- oder Jahrtausendwende.

Auch »ein leichtes Steigen der Arbeitslosigkeit« wäre laut dem Leiter der Abteilung für Bevölkerungsstatistik des Österreichischen Statistischen Zentralamts eine mögliche Ursache für den Abwärtstrend bei Babys.
Nun, für einen beamteten Statistiker mag ein Ansteigen der Arbeitslosigkeit »leicht« sein, Tatsache ist, daß laut einer im Dezember 1997 durchgeführten Umfrage drei Viertel der Österreicher eine weitere Verschlechterung auf dem Arbeitsmarkt fürchten. Und auch der Trend läßt sich EU-weit, wenn nicht weltweit feststellen: 75 Prozent der Job-Inhaber in Frankreich halten eine Zunahme der Arbeitslosigkeit für wahrscheinlich, 64 Prozent erwarten noch mehr Leistungsdruck am Arbeitsplatz. Und diese Ängste sind alles andere als irrational.
Immerhin stieg in Österreich die Zahl der Menschen ohne Job von 166000 im Jahr 1990 auf 230000 Ende 1997. Kritiker merken an, daß die Zahl der Arbeitslosen de facto noch höher läge, weil Arbeitssuchende, die zum Beispiel an einem Umschulungsprogramm teilnehmen, nicht mehr in der Statistik aufscheinen.
Europaweit lesen sich die Arbeitslosenzahlen noch dramatischer: In Deutschland hat die Zahl der Menschen ohne geregelte Arbeit die Horrormarke von 5 Millionen erreicht, noch 1991 lag der Wert bei 2,6 Millionen. Und nahezu 80 Prozent aller Franzosen haben im Bekanntenkreis einen Langzeitarbeitslosen, jeder dritte fürchtet, in den nächsten Monaten selbst arbeitslos zu werden.
Europa wächst zusammen – leider auch was die negativen Entwicklungen betrifft. Die beim EU-Beitritt Österreichs versprochenen Jobs sind bislang ausgeblieben, der wirtschaftliche Aufschwung läßt auf sich warten oder geht an der »breiten Masse« vorbei: Auch dort, wo die Wirtschaftsdaten nach oben weisen, bringt das – wie Experten beklagen – keine zusätzlichen Arbeitsplätze.
Es mag sein, daß die wirtschaftliche Einigung Europas wirklich

so vonstatten gehen muß, wie sie derzeit bewerkstelligt wird. Doch selbst Wirtschaftsfachleute erklären, daß zum Beispiel die Einführung des Euro zumindest mittelfristig zu einem weiteren Ansteigen der Arbeitslosigkeit führen wird.
Darüber hinaus verschlechtert sich auch bei vielen, die Beschäftigung und Einkommen haben, die Arbeitssituation: Mehr Arbeit für weniger Lohn, Vertragsarbeitsverhältnisse ohne Sonderzahlungen, Kündigungsschutz und Arbeitslosenversicherung nehmen zu.
Und auch bei diesem Trend sind die Frauen Hauptbetroffene: »Arbeitslosigkeit und Armut sind weiblich« brachte Irmgard Schmidleithner, die Vizepräsidentin des Österreichischen Gewerkschaftsbundes, die Lage auf den Punkt. EU-weit malochen zu 80 Prozent Frauen in den Billigjobs, 98 Prozent der neugeschaffenen Vollzeit-Arbeitsplätze würden mit Männern besetzt, die bezahlungsmäßig und sozial schlechter gestellten Teilzeit-Arbeitsplätze dagegen zu 95 Prozent mit Frauen.
Und auch wenn »Frau« einen – regulären – Job hat, wird sie bekanntermaßen weniger gut bezahlt als ein Mann am gleichen Arbeitsplatz: Laut Lohnsteuerstatistik der unselbständig Erwerbstätigen (1997) verdienen Österreicher um 70 Prozent mehr als Österreicherinnen, für Deutschland gelten ähnliche Zahlen.
Und bei den Pensionen perpetuiert sich dieser Trend – und nicht etwa nur, weil Frauen auf Grund ihres geringeren Einkommens niedrigere Beiträge zur Pensionsversicherung einzahlen.
Nach einer Information der »Grünen Frauen Wien« wurde bei der Neuregelung der Pensionen für Parlamentarier beschlossen, die Pensionszahlungen für weibliche Abgeordnete zu senken, da – nach Auskunft des zuständigen Beamten im Finanzministerium – Frauen eine höhere Lebenserwartung hätten und deshalb statistisch unterm Strich ohnehin mehr Pension beziehen würden als Männer.

Traurige Zeiten stehen dem »schwachen Geschlecht« im Alter bevor, wenn sich auch andere Pensionsversicherer diese Logik zu eigen machen – und wer wollte ihnen das verwehren, nachdem das »Hohe Haus« ja mit so gutem Beispiel vorangeht.

Geldgier – oder doch Verantwortungsbewußtsein?

Wer jung und ungebunden ist, mag sich in den unsicheren Zeiten einrichten und gewissen Aspekten der »Entregelung« bei Beschäftigungsverhältnissen vielleicht auch durchaus Positives abgewinnen.
Doch wer Kinder hat, kann angesichts solcher »Deregulierungen« möglicherweise wirklich nicht mehr ruhig schlafen.
Vor diesem Hindergrund stellen sich die »finanziellen Gründe« für den Verzicht auf ein Kind gleich anders dar. Und auch die Motive derer, die diese »finanziellen Gründe« monieren.
Aus »finanziellen Gründen« keine Kinder zu haben wirft in der öffentlichen Diskussion kein wirklich gutes Licht auf Nachwuchsverweigerer. Sicher, man hat Verständnis für die »sozial Schwachen«, besonders wenn es sich auch noch um »kinderreiche Familien« handelt. Aber wenn Menschen – Frauen – sich gegen Kinder entscheiden, obwohl sie nicht am Hungertuch nagen, hat das immer einen schalen Beigeschmack. Das sind dann jene, die für Kinder »auf nichts verzichten« wollen.
»Kinder und Verzicht« – dieses Begriffspaar gehört zusammen in der offiziellen Sicht der Dinge. Und die Kinderlosen, das sind die, welche lieber nach Mauritius fahren statt nach Bibione, die lieber bei Cerruti einkaufen statt im Textil-Diskonter, die lieber Sushi futtern statt beim Tiefkühlgemüse-Sonderangebot zuzuschlagen.
Sind die kinderlosen Frauen wirklich allesamt Luxusgeschöpfe, die einfach zu geldgierig und egoistisch sind fürs Kind?
Zu einem erfüllten Familienleben gehört ein bestimmtes Maß

an sozialer Sicherheit, Lebensabschnitte müssen planbar sein. Wer seine Kinder liebt, will, daß sie nichts entbehren müssen, daß sie die bestmögliche Ausbildung erhalten, daß ihnen der Start ins Leben nicht zu schwer fällt. Eltern, die finanziell soweit abgesichert sein möchten, daß sie ihrem Kind auch bei der Anschaffung einer Wohnung, bei der Gründung einer eigenen Familie unter die Arme greifen können, sind keine egoistischen Materialisten. Wer nur dann Kinder bekommt, wenn er deren materielle Absicherung auch sicherstellen kann, ist nicht geldgierig, sondern handelt verantwortungsvoll.

Als blanker Zynismus müssen die gutgemeinten Ratschläge bestimmter Politiker erscheinen, eben den »Arbeitsmarkt« Europa zu nutzen und nicht so borniert an Wohnort und Lebenskreis festzuhalten.

Kinder brauchen nicht nur materielle, sondern auch soziale Sicherheit. Ihr Leben muß ein bestimmtes Maß an Kontinuität aufweisen, sie können von den Eltern nicht einfach getrennt werden – etwa wenn der Vater gezwungen ist, als Leiharbeiter ins Ausland zu gehen –, ohne seelischen Schaden zu nehmen. Sie können aus ihrer Umgebung – etwa aus der Schule – nicht beliebig verpflanzt werden, ohne daß das psychische Spuren hinterlassen würde.

Kinder brauchen Vater und Mutter – und Eltern und Kinder haben ein Recht auf ein gemeinsames Zuhause, ein gemeinsames Familienleben.

Und so ein Familienleben braucht auch eine gesicherte finanzielle, wirtschaftliche Basis.

In Deutschland hat sich die Zahl der Kinder, die auf finanzielle Unterstützung durch die öffentliche Hand angewiesen sind, seit 1980 mehr als verdreifacht: Zu Beginn der 80er Jahre bezogen rund 2 Prozent der Siebenjährigen Sozialhilfe, 1995 waren es bereits 6,7 Prozent.

»152 000 Kinder leben am Rande der Wohlstandgesellschaft«, beklagt man Anfang 1998 beim Österreichischen Arbeiter-

und Angestelltenbund, obwohl die ÖVP, deren Teil der ÖAAB ist, seit weit über einem Jahrzehnt Regierungsverantwortung trägt und der Kinderverarmung also längst den Kampf ansagen hätte können.

In früheren Zeiten – genaugenommen noch vor wenigen Jahrzehnten – war das Kinderkriegen die unabänderliche Folge geschlechtlicher Begegnungen. Die armen Leute hatten Kinder, weil sie – wenn schon sonst nicht viel – eben Sex hatten.

Heute muß das nicht mehr so sein – und prompt bekommen jene, die dafür sorgen, daß soziale Gerechtigkeit heute wieder mehr denn je eine Utopie bleibt, die Rechnung präsentiert. Daran ändern auch ein paar hundert Schilling Kinderbeihilfe zusätzlich ab dem Jahr 2000 nichts – wie die Vergangenheit gezeigt hat, können solche finanziellen »Zuckerln« schnell wieder gestrichen werden. Und wer um seinen Job fürchten muß, den stimmt auch eine erhöhte Kinderbeihilfe kaum optimistisch.

Warum Kinder bekommen, wenn die Zukunft düster ist? Warum Kinder bekommen, wenn Vater Staat und Mutter Wirtschaft ihnen nicht einmal eine Lehrstelle garantieren können? Nicht kinderlose Frauen und Männer haben kein Geld für Kinder – jene, welche mit ihrer Wirtschaftsmacht die gesellschaftlichen Spielregeln bestimmen, wollen sich offensichtlich keine Kinder leisten.

Null Bock auf Familie

Bei einer britischen Umfrage Mitte 1998 erklärten 20 Prozent der befragten 16jährigen Mädchen, aber nur 4 Prozent der gleichaltrigen Burschen, später einmal nicht heiraten zu wollen. »Für Männer sind Ehe und Kinder kein Karrierehindernis«, analysierte der Soziologe Ken Mackay, »Mädchen wissen schon früh, daß Familie und Selbstverwirklichung für sie schwer vereinbar sind.«

Die »neuen« und die »alten« Egoisten

Auch in früheren Zeiten kamen Kinder keineswegs immer der Liebe wegen: Sie kamen, wie bereits erwähnt, zwangsläufig – und aus ganz praktischen Gründen: Weil sie als Arbeitskräfte, Erben, Altersversorgung von ihren Eltern gebraucht wurden. Im römischen Recht waren die Kinder als ausdrückliches Eigentum des »pater familias« definiert – sein Erzeuger hatte absolute Macht über das Kind, er konnte ihm sogar ungestraft das Leben nehmen.

Später besserte sich die Stellung des Kindes, der Herrschaftsanspruch der Eltern – besser des Vaters – wurde zurückgedrängt. Trotzdem waren Kinder ihren Erzeugern gegenüber in vielem zu absolutem Gehorsam verpflichtet. Die Literaturgeschichte strotzt nur so von Dramen, in denen Kinder versuchen, ihr Recht auf eigenes Glück und ein selbstbestimmtes Leben durchzusetzten – und sie gehen selten gut aus.

Eltern hatten allen Grund, ihren Nachwuchs zur Loyalität zu verpflichten: In den Zeiten vor Pensions-, Kranken- und Arbeitslosenversicherung konnten sie sich nur auf ihr eigen Fleisch und Blut verlassen. Die Ehe und die Familie waren eine Zweckgemeinschaft – die »Liebesheirat« und vor allem das »Wunschkind« sind eigentlich Erfindungen der jüngsten Vergangenheit.

Das Verhältnis Eltern – Kinder war denn auch häufig weniger von Zuneigung denn von Respekt bzw. handfesten Erwartungen und Forderungen geprägt.

Heute ist viel von den »neuen Egoisten« die Rede, die keine Kinder bekommen, weil sie lieber ungebunden sein möchten oder keine finanziellen Einschnitte akzeptieren wollen.

Gerechterweise müßte aber auch von den »alten Egoisten« die Rede sein, die Kinder in die Welt setzten, weil sie ihr Vermögen weitergeben oder weil sie in Alter und Krankheit nicht allein und ohne materielle Unterstützung sein wollten.

In früheren Zeiten war der »Generationsvertrag« klar einsehbar: Erst zogen die Eltern Kinder groß, im Gegenzug unterstützten diese ihre Erzeuger in späteren Lebensphasen. Nicht vermögende Frauen und Männer, die auf diese Unterstützung verzichten mußten, weil sie keine Kinder hatten – etwa weil sie keinen Ehepartner fanden oder weil ihre Söhne und Töchter im Krieg oder durch Krankheit umkamen –, endeten als Bettler und im Siechenhaus.

Ein deutlicher Beleg für das häufig unsentimentale Verhältnis der Eltern zu ihren Kindern ist die kulturübergreifende Bevorzugung von Söhnen: Noch heute werden – etwa in China oder in islamischen Ländern – weibliche Föten abgetrieben oder Mädchen nach der Geburt getötet, weil ein Knabe gewünscht wird. In einer patriarchalisch organisierten Welt bedeutet ein Sohn nicht nur Prestige: Auch die Ökonomie ist dort männlich dominiert, und nur ein männlicher Nachkomme kann den Erhalt des Familienvermögens bzw. die Versorgung der Eltern im Alter sichern.

Westliche Überheblichkeit in dieser Sache ist im übrigen fehl am Platz: Auch im »Goldenen Westen« sind Frauen nach wie vor beruflich und ökonomisch benachteiligt, und der »Stammhalter« ist in vielen Familien nach wie vor heiß ersehnt.

Unter »Wuschkind« verstehen auch heute viele Eltern nicht unbedingt einen neuen, kleinen Menschen, der wunschlos glücklich gemacht werden soll. »Wunschkinder« werden auch heute gezeugt, um die – bewußten oder unbewußten – Wünsche ihrer Eltern zu erfüllen. Nicht nur Kinderlose handeln – gegebenenfalls – aus eigensüchtigen Motiven.

Hexe, Dämon, Teufelin

Feindbild »kinderlose Frau«

»Maultier« nannte man in Frankreich eine Frau, die keine Kinder gebären konnte – man verspottete sie, indem man sie gleichsetzte mit dem unfruchtbaren Kreuzungsprodukt zwischen Esel und Pferd.
Kinderlose Frauen waren zu allen Zeiten suspekt. Quer durch die Geschichte galt Kinderlosigkeit als schwerster Makel der Frauen, in allen antiken Kulturen war eine Ehe null und nichtig, wenn sie nicht mit Kindern gesegnet war.
Und Kinderlosigkeit galt nicht nur als Makel, sie war gewissermaßen eine Schuld: Die Frau schuldete ihrem Ehemann und seiner Familie Nachkommen. Kinderlosigkeit wurde immer auch als Vergehen der Frau gesehen: Sie war es schließlich, die nicht schwanger wurde. Daß der »Herr der Schöpfung« womöglich trotz eifrig geübter ehelicher Pflichten der unfruchtbare Partner sein könnte, wurde nicht in Erwägung gezogen.

Pflichtübung Kinderkriegen

»Liebet und vermehret euch!« gebietet die Bibel, das Kinderkriegen war Pflicht, und Kinderlosigkeit war auch einer der wenigen Gründe, den die in moralischen Fragen so strenge katholische Kirche für die Auflösung einer Ehe akzeptierte. Eine mit Gottes Segen Geschiedene hatte nicht nur mit sozialer Ächtung, sondern meist auch mit großen wirtschaftlichen Problemen zu kämpfen – im günstigsten Fall konnte sie sich im Haushalt einer weniger unglücklichen, verheirateten und kin-

derreichen Verwandten nützlich machen und damit ihre Existenz rechtfertigen.
De facto gab es in früheren Zeiten – neben den belächelten und bedauerten »alten Jungfern« – nur drei Gruppen kinderloser Frauen: die Nonnen (die Bräute Jesu), die Hexen (die Bräute des Teufels) und die von diesen Verhexten.
Kinderlosigkeit galt als Fluch, und es war naheliegend, diejenige Person zur Verantwortung zu ziehen, die den Fluch ausgesprochen hatte. Immer wieder wurde in den Anklageschriften der spätmittelalterlichen Hexenprozesse auch der »Unfruchtbarkeitszauber« angeführt: Den meist weiblichen Verdächtigen wurde vorgeworfen, sie hätten nicht nur Felder und Vieh, sondern auch die Frauen »verdorren« lassen. Andererseits galt Unfruchtbarkeit aber auch gerade als Indiz, daß die betroffene Frau mit dem Bösen im Bunde stünde: Die Hexe pflegte den Geschlechtsverkehr mit dem Teufel und seinen unreinen Geistern, empfing dabei aber nicht. »Man sagte vom (Hexen-) Sabbat: ›Niemals kam eine Frau davon schwanger zurück.‹ Man machte dem Teufel und der Hexe zum Vorwurf, Feinde der Nachkommenschaft zu sein«, berichtet der französische Historiker Jules Michelet in seinem 1862 erschienenen Werk »Die Hexe«.
Bis heute wollen Hardliner in der katholischen Kirche die geschlechtliche Liebe nur als Mittel zur Produktion von Nachkommen akzeptieren -- in früheren Zeiten wurde das Ausbleiben einer Schwangerschaft schon als »Teufelswerk« gedeutet. Mitunter handelten die »unfruchtbar-machenden« Hexen – häufig heilkundige Frauen, die sich noch auf das alte, überlieferte Kräuterwissen verstanden – aber auch im Sinne der Frauen, indem sie ihnen Mittel gegen die Empfängnis oder gar für die Abtreibung verabreichten.
Nicht von ungefähr wird die Hexenverfolgung, der in Europa Zehntausende Frauen zum Opfer fielen, auch als Versuch des Patriarchats gedeutet, den Frauen einmal mehr die Kontrolle

über ihren Körper zu entziehen. Medizin sollte nur noch als »männliche« Wissenschaft existent sein, das alte, über Jahrhunderte meist von Frau zu Frau tradierte Wissen sollte ausgerottet werden.

Diese Abwertung der »weiblichen Medizin« hat sich bis in unsere Tage fortgesetzt und eigentlich erst in jüngster Zeit ist ein Gegentrend zu bemerken: Heute spielen Hebammen in der Geburtshilfe wieder eine wichtigere Rolle, nachdem das Kinderkriegen in den letzten Jahrzehnten nahezu ausschließlich eine Domäne männlicher Frauenärzte war.

Durch Maulesel-Urin zum Kind

Um endlich schwanger zu werden, scheuten kinderlose Frauen weder Müh noch Plag. Wie der französische Historiker Jacques Gélis berichtet, gab man unfruchtbaren Frauen Maulesel-Urin zu trinken – eigentlich paradox, denn Maulesel und Maultiere sind unfruchtbar. Man hoffte offensichtlich, der Körper der Frau würde durch den Urin des fortpflanzungsunfähigen Tieres zu einer gegenteiligen Reaktion angeregt.

Auch Pflanzen wurde empfängnisfördernde Wirkung nachgesagt: Die zauberkräftige Alraune, deren gespaltene Wurzel an einen menschlichen Unterleib mit Beinen erinnert, wurde häufig angewandt.

Selbstverständlich wurden – angefangen von der Gottesmutter Maria – auch Heilige als Geburtshelfer angerufen. Und in manchem christlichen Ritual lebt der uralte heidnische Mythos fort: So findet sich an der Kathedrale von Reims ein keltischer Fruchtbarkeitsstein: Über Jahrhunderte rieben Frauen mit Kinderwunsch ihre Finger an den Rillen. Keltische Menhire zeigen oft Penisform: Steine dringen in die Mutter Erde ein wie der Penis des Mannes in die Vagina der Frau, die kinderlose Frau, die einen Körperteil an einem solchen Stein reibt oder mit dem Hinterteil darübergleitet, hofft, daß die Fruchtbarkeit der Erde selbst über sie kommt.

Einen besonders sagenumwobenen – und auch skurrilen – Fruchtbarkeitsgeist stellt der »Riese von Cerne Abbas« dar: Seit der Kelten-Zeit befindet sich die einige hundert Meter lange Ritzzeichnung im Grünland in der britischen Provinz Dorset. Der Riese protzt mit einer Keule und mit erigiertem Penis – unfruchtbaren Frauen soll er, wenn sich diese in seinen Umrissen auf den Erdboden betten, zum ersehnten Kind verhelfen.

Auf Europas Festland verließen sich die Frauen auf handfestere Rezepte: In einer süddeutsch-österreichischen Rezeptsammlung aus dem 15. Jahrhundert wird geraten, der kinderlosen Frau ohne ihr Wissen die Milch einer anderen zu trinken zu geben. Und ein medizinischer Ratgeber aus dem Frankreich des 17. Jahrhunderts empfiehlt unfruchtbaren Frauen gar, pulverisierten Mutterkuchen einer erfolgreich niedergekommenen Frau zu verzehren.

Möglicherweise steckt hinter den obengenannten »Wundermitteln« doch mehr, als man im ersten Augenblick meinen möchte. Glaube kann bekanntlich Berge versetzen, und daß Unfruchtbarkeit auch psychische Ursachen haben kann, zeigen die Erfahrungen der heutigen Zeit. Gleichzeitig können die Hormone in Planzenta und Muttermilch einer Frau durchaus stimulierend auf den Hormonhaushalt einer anderen wirken.

Wenn der Storch ausbleibt

Tatsache ist, daß Frauen zu allen Zeiten nichts unversucht ließen, um schwanger zu werden. Daß sie dabei nicht nur die Liebe zum zukünftigen Kind getrieben hat, ist anzunehmen. Vielmehr war häufig Angst das Motiv ihrer verzweifelten Bemühungen. Angst, den an sie gestellten Ansprüchen nicht gerecht zu werden, Angst vor sozialer Ächtung, Angst, der eigenen Familie und der Familie des Mannes Schande zu machen. Denn vor den Augen der Schwiegermutter fand die junge Ehefrau häufig erst Gnade, wenn der Stammhalter geboren

Fruchtbarkeitszauber aus ferner Kelten-Vorzeit: Der Riese von Cerne Abbas in der englischen Provinz Dorset. Frauen, die Probleme hatten, Kinder zu bekommen, verbrachten die Nacht schlafend auf seinem mächtig erigierten Penis. Noch heute wird der »wilde Mann« von Liebespaaren aufgesucht.

war. Und Angst vor dem Ehemann, der sich einer unfruchtbaren Frau leicht und rasch entledigen konnte.
Noch in den 50er Jahren setzten Frauen auf Hilfe »von oben«, wenn der Nachwuchs auf sich warten ließ. Schließlich erzählte man damals Kindern, die wissen wollten, woher das Geschwisterchen käme, der Storch würde es bringen. Und um den

Storch anzulocken, mußte man nur ein Stück Zucker ins Fenster legen.
Bei den Baby-Boomern zu Anfang der 60er Jahre hat diese Methode offenbar auch noch prächtig funktioniert. Da kamen die Babys noch so, wie sie sollten – und oft auch einfach dann, wenn sie wollten. Damals hatte man eher alle Hände voll zu tun, sich ihrer zu erwehren. Heute haben sich die Zeiten geändert. Zwar kommen immer noch Babys zur Welt, die eigentlich unerwünscht sind. Doch in den Mittelpunkt des öffentlichen Interesses sind die Kinder geraten, die ausbleiben.
Und auch heute wird die kinderlose Frau zum Feindbild. Nicht nur, weil sie sich weigert, »ihre Pflicht« für den Staat und das Sozialversicherungssystem zu tun. Auch viele Frauen, die selbst Kinder haben, blicken scheel auf die »freien« Geschlechtsgenossinnen, die über ihre Zeit und ihre finanziellen Mittel ohne Rücksicht auf Kinder verfügen können. Von der Politik – und nicht nur von dieser Seite – wird der Keil zwischen Müttern und kinderlosen Frauen noch vorangetrieben.

»Mein Bauch gehört mir!«

Verhütungsmittel und Abtreibung

Ein Kind, kein Kind – nie war die Entscheidung so einfach wie heute. Es gab Zeiten, da hieß das einzig verfügbare Verhütungsmittel »Enthaltsamkeit«.
Selbstverständlich hatte jede Epoche ihre Empfängnisverhütungsmittel – die Frage ist nur, ob sie auch etwas taugten. In den 50er Jahren versuchten zum Beispiel panische Teenager etwaige Folgen des »ersten Mals« – oder auch des nächsten – mit einer Spülung aus der Cola-Flasche zu verhindern. Eine Methode, die im übrigen auch Marlene Dietrich ihrer Tochter empfohlen haben soll.
Zum Glück gibt es andere, sicherere Methoden. Und der aktuelle Geburtenrückgang ist wesentlich auch auf die simple Tatsache zurückzuführen, daß ein Kind heute einfach nicht mehr »passieren« muß. Die Palette der Verhütungsmittel ist breit – und wenn es doch »passiert«, besteht heute auch in den meisten Staaten die legale Möglichkeit zur Abtreibung.

Honig und Krokodildung

Es ist anzunehmen, daß der Wunsch, die Anzahl und den Zeitpunkt der Geburten zu kontrollieren, so alt ist wie die Menschheit. Schon in der Bibel wird vom Coitus interruptus berichtet, dem auch heute noch am häufigsten verwendeten Kontrazeptivum: Doch daß Onan sich vor dem Samenerguß zurückzieht, wird im Alten Testament als Sünde verteufelt.

Die früheste schriftliche Überlieferung von Verhütungsmethoden stammt aus dem alten Ägypten: Zwei Papyri raten nicht nur zum Coitus interruptus, sondern auch zum Coitus obstructus, bei dem der Mann sich nicht aus der Frau zurückzieht, sondern den Samen durch Zusammendrücken der Peniswurzel vor und während der Ejakulation in die Harnblase »umleitet«. Doch bei den Ägyptern legten auch schon die Frauen Hand an: Sie führten sich vor dem Verkehr ein Pessar aus Honig und den Ausscheidungen eines Krokodils ein. Der zähflüssige Honig hat den Spermien wahrscheinlich das Vorwärtskommen erschwert, die Harnsäure im Krokodilmist tötete die Spermien ab. Ein Papyrus, der um 1900 v. Chr. entstanden war, empfiehlt wiederum Natron und Krokodildung. In einem weiteren Papyrus, der um 1500 v. Chr. niedergeschrieben wurde, wird Akaziengummi empfohlen – die später als »Gummiarabikum« in der Pharmazie vielfältig verwendete Substanz enthält nach neuesten Untersuchungen tatsächlich spermientötende Wirkstoffe.

Auch die Frauen im persischen Reich verließen sich auf eine Vielfalt von Hausmitteln: Sie plazierten vor dem Verkehr mit Alkohol, Jod, Chinin, Karbol oder parfümiertem Essigwasser getränkte Schwämmchen in der Vagina. Und im arabischen Reich sollten Mixturen aus Granatapfel, Steinsalz und Alaun Schwangerschaften verhindern. Aristoteles, der große Philosoph und Naturwissenschafter des 4. vorchristlichen Jahrhunderts, wiederum empfahl eine Mischung aus Weihrauch, Oliven- und Zedernöl.

Einen wirklich sicheren Schutz gegen die Befruchtung boten diese Mittel zwar nicht, eine gewisse Wirkung mögen sie aber doch gezeigt haben. Immerhin sind Alkohol, Karbol oder Alaun giftig, und Granatäpfel enthalten Substanzen, die weiblichen Hormonen ähneln.

Schon ein Jahrhundert vor Aristoteles beschäftigte sich Hippokrates, der berühmteste Arzt des Altertums, intensiv mit den weiblichen Geschlechtsorganen sowie mit Empfängnis und Verhütung. Er wußte, daß der Samen der wilden Karotte, vor und nach dem Verkehr eingenommen, eine Schwangerschaft verhindert. Untersuchungen Mitte der 80er Jahre bestätigten, daß die wildwachsende Karotte Wirkstoffe enthält, welche die Bildung von Progesteron verhindern. Dieses Hormon macht die Gebärmutter für die Aufnahme des befruchteten Eies bereit.

Die Einnahme von empfängnisverhütenden Pflanzen war in Griechenland – und später im antiken Rom – offensichtlich gang und gäbe: Die Nachfrage nach einer im 7. Jahrhundert v. Chr. an der nordafrikanischen Küste entdeckten Fenchelpflanze war so groß, daß das Kraut im 4. Jahrhundert n. Chr. bereits ausgerottet war.

Gymnastik und Stillen gegen Kindersegen

Hippokrates war außerdem überzeugt davon, daß Frauen männliches Sperma willentlich ausstoßen können, um so eine Schwangerschaft zu verhindern. Im Gegenzug kann die Empfängnis auch bewußt herbeigeführt werden, indem der Samen in der Gebärmutter zurückgehalten wird.

Moderne Untersuchungen haben Hippokrates' Behauptungen zumindest teilweise bestätigt: Tatsächlich erweitert sich die Gebärmutter während des Orgasmus und kann Spermien durch den Gebärmutterhals regelrecht »einsaugen«. Die Wahrscheinlichkeit einer Schwangerschaft wird durch den Höhepunkt der Frau also gegebenenfalls erhöht. Untersuchungen eines Liverpooler Forscherteams haben ebenfalls Belege dafür geliefert, daß zumindest manche Frauen durchaus die Fähigkeit besitzen, Sperma willentlich zu behalten oder abzustoßen. Tatsache ist, daß Spermien, die den Gebärmutterhals oder die Gebärmutter erreicht haben, im dortigen leicht basischen Milieu ihre Beweglichkeit für ein bis zwei Wochen

behalten und damit eine Befruchtung auch noch längere Zeit nach dem Akt bewerkstelligen könnten. Im sauren Milieu der Scheide sterben sie dagegen innerhalb weniger Stunden ab – das »Abstoßen« bzw. »Ansaugen« des Spermas durch Muttermund und Gebärmutter könnte also durchaus eine Schwangerschaft fördern oder verhindern.
Ein wirksames und durch die wissenschaftliche Forschung bestätigtes körpereigenes Mittel zur Empfängnisverhütung stellt das Stillen dar. Bei vielen Naturvölkern sorgt die Fütterung mit Muttermilch dafür, daß die Frauen nur alle drei bis fünf Jahre schwanger werden: So lange werden die Kinder gestillt, und durchs oftmalige, kräftige Saugen an der Brustwarze werden im Gehirn opiatähnliche Stoffe freigesetzt, die wiederum die Produktion jener Hormone hemmen, welche für den Eisprung verantwortlich sind. Auch dieser Zusammenhang wird bereits von Hippokrates beschrieben: Er rät, zur Verhinderung der Menstruation Schröpfköpfe an den Brustwarzen anzusetzen.
Regelmäßiges, intensives Stillen kann eine Schwangerschaft zumindest hinauszögern. Dagegen waren die Ratschläge von Soranus von Ephesus – der als bedeutendster Gynäkologe der Antike immerhin bereits vermutete, daß es im Zyklus der Frau unfruchtbare und fruchtbare Tage gab – garantiert wirkungslos. Er riet den Damen im kaiserlichen Rom, sich nach dem Akt kräftig zu schneuzen, zu husten und auf und ab zu springen, um sich des Spermas zu entledigen.
Im Mittelalter wiederum setzte man auf die empfängnisverhütende Kraft von Kräutersäften – lange Zeit wurden solche Rezepte als purer Humbug abgetan, doch Untersuchungen während der letzten Jahrzehnte haben gezeigt, daß viele Pflanzen tatsächlich empfängnisverhütende (kontrazeptive) oder abtreibende (abortive) Wirkungen zeigen. Die »Pille danach« gab es schon vor Jahrhunderten – oder sogar vor Jahrtausenden.
Zum Beispiel werden in der altindischen Medizin, im Ayurve-

Mütter ohne Gesicht: In Afghanistan sind Frauen heute wieder zu Gebärmaschinen degradiert. Die Burkha, der Schleier mit gehäkeltem Sichtfenster, ist das sichtbare Zeichen für ihren Verlust jeglicher Identität.

da, 28 Pflanzen empfohlen, um einen Schwangerschaftsabbruch durchzuführen. 55 weitere Spezies sollen die Menstruation fördern und können als Abortivum in der Frühschwangerschaft verwendet werden.
Der britische Archäologe Timothy Taylor ist überzeugt davon, daß das Wissen um empfängnisverhütende und abortive Kräuter so alt ist wie die Menschheit selbst. Bei sogenannten Naturvölkern ist eine Vielzahl von solchen Pflanzen in Gebrauch – auch wenn sie von der westlichen Wissenschaft häufig nur durch Zufall entdeckt werden: »Nur selten haben Botaniker, Sozialanthropologen und Ethnographen daran gedacht, die Einheimischen über die tägliche Wirklichkeit ihres Sexuallebens zu befragen. Die meisten dieser Reisenden waren männ-

lich, wogegen der Hauptteil des diesbezüglichen Wissens die Körper und das Leben der Frauen betrifft.« Und er zitiert den Ethnobotaniker Edward Anderson, der bei seinen umfangreichen Forschungen in den Bergländern Nordthailands darüber klagte, daß die eingeborenen Frauen nicht bereit waren, ihr Wissen um »gynäkologisch« wirkende Kräuter mit ihm zu teilen.

Daß medizinisch wirksame Pflanzen schon vor mindestens 40000 Jahren gesammelt wurden, ist archäologisch nachgewiesen. Taylor berichtet von der Doura-Höhle im heutigen Syrien, wo große Mengen von Gurkenkraut und Borretsch-Resten gefunden wurden, die darauf hindeuten, daß diese noch heute gynäkologisch gebrauchten Pflanzen dort über viele Jahre lang verarbeitet worden waren.

Noch heute existieren Jäger-Sammler-Gesellschaften, die so leben, wie die Menschheit vor Entdeckung des Ackerbaus und der Viehzucht, so zum Beispiel die Buschmänner der Kalahari oder Papua-Stämme Neuguineas. In der Regel umfaßt das Nahrungsspektrum dieser »Steinzeitmenschen« 200 Pflanzenspezies, von denen jede wieder rund 200 wirksame Chemikalien aufweist. Und viele dieser Chemikalien wirken auch auf den Hormonhaushalt und die Fortpflanzungsfähigkeit des Menschen.

Die Natur ist voll von empfängnisverhütenden Substanzen – wenn heute die moderne Wissenschaft sich in der »Apotheke Regenwald« auf die Suche macht, stößt sie auch auf »verhütende« Pflanzen. Und bei den indigenen Völkern existiert uraltes, meist geheimes Wissen darüber.

Die Tatsache, daß gerade in der Dritten Welt Geburtenkontrolle heute eines der drängendsten Probleme ist, scheint dieser Tatsache zu widersprechen.

Wenn ein tradiertes Wissen über Verhütungsmöglichkeiten in Schwarzafrika, Südamerika oder Asien existiert hat, warum wird es dann heute nicht angewendet? Auch dafür gibt es

Erklärungsmodelle: Einerseits haben die Kolonialisierung und die nachfolgenden wirtschaftlichen und soziologischen Veränderungen die gewachsenen Stammesstrukturen und damit auch den eingespielten Informationsfluß zwischen den Generationen nachhaltig zerstört. Andererseits macht etwa die Expertin Gabrielle Palmer gerade auch westliche Entwicklungshilfe-Aktivitäten zur Geburtenkontrolle für unkontrolliertes Bevölkerungswachstum in Dritte-Welt-Ländern verantwortlich. Wird die Pille propagiert und verteilt, ändere sich auch das Stillverhalten. In der Regel verfügen Dritte-Welt-Frauen aber nicht über die finanziellen Mittel, die Pille regelmäßig zu beziehen – der Empfängnisschutz durchs Stillen fällt weg, der westliche, chemische funktioniert nur unzureichend – ungewollte Schwangerschaften sind die Folge.

»Ein Spinnweb gegen die Gefahr«

Eine Befruchtung läßt sich chemisch verhindern oder auch durch mechanische Barrieren: Schon in der Antike stülpten Frauen Granatapfelhälften über den Muttermund, Casanova empfahl seinen Gespielinnen ausgehöhlte Zitronenhälften. 1838 wurde von Friedrich Adolf Wilde die sogenannte »Portiokappe« vorgestellt: Nach einer zuvor vom Muttermund abgenommenen Wachsform wurde eine genau passende Kautschukschale geformt. Das moderne Diaphragma – 1882 im Prototyp aus Kautschuk vom deutschen Arzt Wilhelm Mensinga entworfen – wurde so vorweggenommen.

Doch auch die »Spirale« hat Vorgänger. Die frühesten waren schon zu Bibelzeiten im Einsatz – allerdings bei Kamelstuten. Um zu verhindern, daß ihre Stuten während langer Wüstenreisen durch Trächtigkeit an Leistungsfähigkeit verloren, setzten die Beduinen ihnen mittels eines Röhrchens einen etwa erbsengroßen Stein in die Gebärmutter ein. Die Methode funktionierte, doch erst seit zwei Jahrzehnten weiß die Wissenschaft warum: Der Stein bildet nicht etwa ein mechanisches

Hindernis für die Spermien, sondern löst eine Reaktion des Immunsystems aus. Die »Gesundheitspolizei« des Körpers, die weißen Blutkörperchen, attackieren den Fremdkörper, dabei wird Interferon gebildet, das »im Nebeneffekt« auch etwaig eindringende Spermien abtötet.
Was beim Tier verhütete, wurde auch bei Menschenfrauen versucht: In späteren Jahrhunderten sollten in den Uterus plazierte Holz- und Glasperlen, Knöpfe, Pferdehaare und kleine Metallgegenstände eine Empfängnis verhüten. Noch 1909 propagierte ein deutscher Arzt ein »Fadenpessar« aus Seide, ein ringförmiges Pessar aus Gold oder Silber wurde 1928 ebenfalls in Deutschland von Ernst Gräfenberg entwickelt, es folgten die modernen »Spiralen« aus Kunststoff, Kupfer und Verbundmaterialien in vielen Formen.
Auch das Kondom – in unseren AIDS-bedrohten Zeiten als Garant für »safer sex« heftig propagiert – hat eine lange und wechselvolle Geschichte. Seinen Namen erhielt der »Gummi« vermutlich vom Earl of Condom, dem geadelten Leibarzt Karls II. Der soll um 1650 für seinen sexuell sehr umtriebigen König einen »Überzieher« aus Schafsdarm entwickelt haben – nicht nur als Zeugungsschutz, sondern vor allem als »Verhüterli« gegen Geschlechtskrankheiten. Hauptsächlich zum Schutz vor der Syphilis hatte schon ein Jahrhundert vorher der italienische Anatom Gabriele Fallopia ein Kondom aus feuchtem Leinen entwickelt.
Tatsächlich aber waren Penisumhüllungen schon im Altertum in Verwendung. Wahrscheinlich benutzten schon Ägypter und Römer eingeölte Hüllen aus Tierdärmen oder -blasen, in Japan hatte man sogar massive Futterale aus Schildpatt, Horn und Leder in Gebrauch. Die Liebenden dort waren offensichtlich toleranter, in Europa klagte im 17. Jahrhundert eine französische Marquise, das Präservativ sei »ein Panzer gegen die Lust, aber ein Spinnweb gegen die Gefahr«.
Präservative aus Gummi kamen nach 1870 auf den Markt, sie

waren aber dickhäutig, zu mehrmaligem Gebrauch bestimmt und deshalb waschbar. Das moderne, dünne »Ein-Weg-Kondom« wurde erst in den 1930ern entwickelt.

Die Pille, die aus dem Dschungel kam

Den großen Durchbruch in Sachen Empfängnisverhütung wurde in den 60er Jahren geschafft: 1960 kam in den USA mit dem Präparat »Enovid« die erste »Antibaby-Pille« auf den Markt. Ende 1961 verließen sich bereits 50 000 Frauen auf das orale Kontrazeptivum, ein Jahr darauf hatte sich die Zahl der Pillenschluckerinnen bereits verdoppelt. Heute werden weltweit pro Monat über 70 Millionen Pillenpackungen verkauft.
»Erfunden« wurde die Pille in den 30er Jahren vom US-Chemiker Russel Marker, er hatte im Dschungel von Mexiko während einer Ferienreise Bekanntschaft mit Sapogeninen gemacht, pflanzlichen Steroiden, die in Wasser einen seifenähnlichen Schaum bilden. Marker begann mit diesen Substanzen zu experimentieren und entdeckte einen chemischen Prozeß, bei dem das Sapogenin Diosgenin zum weiblichen Sexualhormon Progesteron umgebaut wurde. Marker entdeckte weiters, daß die wild im Gebiet um Vera Cruz wachsende Yamswurzel Cabeza de negro besonders reich an Diosgenin war. Er mietete auf eigene Kosten ein Laboratorium in Mexiko City, kaufte 10 Tonnen der Wurzel auf und extrahierte daraus das Diosgenin. Zurück in den USA, stellte er daraus rund 2 Kilogramm Progesteron her – mit einem Marktwert rund 160 000 Dollar. Das von ihm entwickelte Verfahren reduzierte den Grammpreis des Sexualhormons von 80 auf 1 Dollar. Damals wurde das Hormon zur Behandlung von Menstruationsstörungen und zur Verhinderung von Frühgeburten eingesetzt. 1948 gab er seine florierende Firma jedoch auf, Kollegen führten seine Forschungen weiter. Bei der industriellen Herstellung von Progesteron aus der Yamswurzel wurden auch kleinste Verunreinigungen ausgefiltert, seltsamerweise wirkte dieses »reine« Produkt

aber weniger gut als das »rohe« ohne Filterung: Bei manchen Frauen führte die Einnahme zu Menstruationsstörungen, andere wurden sogar schwanger. Man entdeckte, daß der ursprüngliche Wurzelextrakt auch winzige Spuren eines östrogenartigen Stoffes enthielt. Diese Mestranol genannte Substanz wurde wieder zugesetzt, und 1955 begann der Chemiker Gregory Pincus in Puerto Rico mit den ersten Tests an freiwilligen Probandinnen: 1308 Frauen schluckten den ersten aus Yamswurzeln gewonnenen Ovulationshemmer Norethynodrel. 1957 wurde das Medikament in den USA erst als »Menstruationsregler«, 1959 schließlich als Empfängnisverhütungsmittel offiziell zugelassen. Heute gebräuchliche Präpa-

Warum Verhütungsmittel – auch – auf Bäumen wachsen

Daß Pflanzen Stoffe enthalten, die eine Empfängnis verhüten oder die Abstoßung der befruchteten Eizelle verursachen können, ist kein Zufall. Pflanzen können nicht weglaufen, weshalb sie andere Strategien entwickelt haben, um ihren Freßfeinden zu entkommen. Sie betreiben zum Beispiel »chemische Kriegsführung« – etwa indem sie Stoffe bilden, die schlechten Geschmack bewirken: Eine Pflanze, die schlecht schmeckt, wird weniger häufig verzehrt werden als eine wohlschmeckende.

Manchmal ruft der Genuß einer Pflanze auch körperliche Beschwerden hervor – so ein Gewächs wird in Zukunft bestimmt gemieden.

Manche Pflanzen bilden sogar Substanzen, die in die Fortpflanzung ihrer Freßfeinde eingreifen. Deren Vermehrung einzuschränken ist eine langfristige, aber durchaus sinnvolle Verteidigungsmaßnahme: Weniger hungrige Mägen bedeuten in Zukunft weniger verspeiste Pflanzen. Daß pflanzliche Inhaltsstoffe als Kontrazeptiva bzw. Abortiva genützt werden können, ist ein »Nebeneffekt« dieser Verteidigungsstrategie.

rate unterscheiden sich wesentlich von diesem »Urtyp« – und ihr Wirkstoff wird längst nicht mehr aus Yamswurzeln gewonnen.

AIDS und Hormone

Seit Mitte der 80er Jahre gewann ein Verhütungsmittel wieder neue Bedeutung, das eigentlich schon »aus der Mode« gekommen war: das Kondom. AIDS verhalf dem »Überzieher« zu neuer Popularität. Oder richtiger: Ärzte und Gesundheitspolitiker versuchten mit großen Anstrengungen, dem Kondom zu neuer Popularität zu verhelfen. Denn nur der konsequente Gebrauch des »Gummis« – sogar beim Oralverkehr – konnte die weitere Ausbreitung der tödlichen Immunschwäche verhindern.

Für »junge« Kontakte wird unbedingt zum Kondom geraten – nur wenn man einander länger kennt, treu ist und durch einen AIDS-Test sichergestellt hat, das HI-Virus nicht in sich zu tragen, ist laut Expertenmeinung »ungeschützter« Verkehr zulässig.

Kondome werden heute sicher öfter benutzt als in den Jahrzehnten davor. Und vielleicht ist auch AIDS eine Ursache des Geburtenrückgangs – bestimmt wurde die Zeugung des einen oder anderen Babys, das »passiert« wäre, durch den AIDS-Schutz verhindert.

Aber auch ansonsten boomt der Markt für Verhütungsmittel. Rund 50 Prozent der Frauen setzen dabei auf Hormone. Zur klassischen »Pille«, die dem Körper durch eine bestimmte Kombination von Hormonen eine Schwangerschaft vorgaukelt und so verhindert, daß es zu Eireifung und Eisprung kommt, kam die »Minipille«, welche mittels des Hormons Gestagen die Gebärmutterschleimhaut in ihrer Entwicklung behindert, die Beweglichkeit der Eileiter hemmt und den Schleim des Muttermundes so zäh macht, daß ihn die Spermien nicht durchschwimmen können. Zur »klassischen« Spirale kam die

»Hormonspirale«, welche nicht nur durch »mechanische« Reizung, sondern zusätzlich durch einen Hormonmix verhütet. Auch die »Pille für den Mann« wäre längst möglich, doch die Pharmakonzerne glauben offensichtlich nicht an eine breite Akzeptanz. Eigentlich seltsam, wenn man bedenkt, welch beispielloser Run weltweit auf die Potenz-Pille »Viagra« eingesetzt hat. »Nicht zeugungsfähig sein« bedeutet für Männer eben nach wie vor »impotent sein« – und nichts fürchtet der Mann mehr. Die Kinder kriegen ohnehin »die anderen«.

O Kinderlein, kommt doch ...

Krankheit Unfruchtbarkeit

Eine ungewollte Schwangerschaft zu verhindern ist für Frauen in den Industrieländern einfach geworden. Zunehmend scheinen sie aber Probleme damit zu haben, wunschgemäß schwanger zu werden. Rund 10 Prozent der 900 000 fortpflanzungsfähigen Paare in Österreich haben Probleme, zu ihrem Wunschkind zu kommen, für Deutschland wird sogar ein Wert von 15 Prozent angenommen. Und der Trend ist international – zumindest, was die westlichen Industriestaaten betrifft. In manchen Ländern liegt die Rate der ungewollt kinderlosen Paare mittlerweile sogar bei 20 Prozent. In den USA leiden über 5 Millionen Männer und Frauen unter ungewollter Kinderlosigkeit, die jährlichen Kosten für Sterilitätsbehandlungen liegen dort derzeit bei rund 2 Milliarden Dollar.

In früheren Zeiten gab es nur einen »Schuldigen«, wenn der Nachwuchs ausblieb – die Frau. Heute kann die Medizin die genauen Gründe für ungewollte Kinderlosigkeit feststellen – und im statistischen Durchschnitt liegen die Ursachen fürs Ausbleiben von Nachwuchs sogar öfter beim männlichen Partner.

Wenn der Mann nicht mehr kann

Bis in jüngste Vergangenheit galt ein Mann dann als impotent, wenn er nicht imstande war, »die Ehe zu vollziehen«. Impotenz bedeutete schlicht und einfach das Unvermögen, den Geschlechtsakt auszuüben, weil das männliche Glied den Dienst versagt. Daß auch dort, wo dem Anschein nach »alles

ganz normal« ist, Zeugungsunfähigkeit vorliegen kann, war nicht vorstellbar. »Kann« der Mann und kommt kein Kind, liegt's an der Frau – so einfach sah man den Sachverhalt.
Jüngste Untersuchungen sprechen eine andere Sprache: So ist etwa die Unfruchtbarkeit bei ungewollt Kinderlosen nur zu rund 30 Prozent auf Probleme der Eierstöcke, aber zu 40 Prozent auf Minderqualität der Spermien zurückzuführen.
Daß immer mehr Männer nicht mehr »richtig Mann« sind, beschäftigt Mediziner weltweit: Das erste deutliche Alarmzeichen kam 1992 aus Dänemark. Eine Studie, die Forschungsergebnisse aus 20 Ländern verglich, zeigt, daß die durchschnittliche Zahl der Spermien in der Samenflüssigkeit um 45 Prozent innerhalb der letzten 50 Jahre abgenommen hatte. Hatte ein Milliliter Ejakulat im Jahre 1940 noch durchschnittlich 113 Millionen Spermien aufgewiesen, so enthielt ein Milliliter Samenflüssigkeit im Jahr 1990 nur noch 66 Millionen Samenzellen.
Darüber hinaus war auch noch die Menge der ejakulierten Samenflüssigkeit selbst um 25 Prozent geringer geworden – de facto hatte sich die Zahl der Spermien pro Erguß von 1940 bis 1990 also um 50 Prozent reduziert.
Das ergab die Analyse der Durchschnittswerte. Außerdem stellte das dänische Forscherteam fest, daß sich die Zahl der Männer mit extrem niedrigen Spermienwerten verdreifacht hatte: 1940 wiesen 6 Prozent der untersuchten Männer nur rund 20 Millionen Spermien pro Milliliter Samenflüssigkeit auf, 1990 waren es 18 Prozent. Im Gegenzug hatte die Zahl der Männer mit extrem hohen Spermienwerten abgenommen.
Auch französische Untersuchungen kamen zu alarmierenden Ergebnissen: Beim Vergleich der Samenflüssigkeit von Männern, die 1945, und solchen, die 1962 geboren worden waren, zeigte sich, daß die jüngeren Männer mit 51 Millionen Spermien pro Milliliter Samenflüssigkeit nur noch halb so viele Spermien aufwiesen wie die älteren.
Und nicht nur die Spermienzahl scheint weltweit zu sinken,

auch die Qualität der Samenzellen wird zunehmend schlechter. Belgische Wissenschafter haben beim Vergleich von Proben aus den Jahren 1977 bis 1980 und solchen von 1990 bis 1993 immer mehr deformierte bzw. bewegungsgestörte Spermien festgestellt. Zwischen 1980 und 1993 hatte die Zahl der gesund aussehenden Spermien von 39,6 Prozent auf 27,8 Prozent abgenommen, die Zahl der normal beweglichen Spermien war von 53,4 Prozent auf 32,8 Prozent abgesunken.

Vom Mann stammt der Same, die Frau ist das Gefäß ...

Lange Zeit hielt man den Mann für den eigentlichen Schöpfer von neuem Leben – und auch heute gibt es noch Gesellschaften und Religionssysteme, die im »passiven weiblichen Prinzip« nur ein Gefäß sehen, indem sich der eigentliche Träger des Lebens, das männliche Prinzip, entfaltet.

Im Sperma sah man den Samen, die Frau wurde mit dem Erdreich gleichgesetzt, in dem dieser zum »fertigen« Lebewesen heranwachsen würde.

Und diese irrige Vorstellung lebt noch heute in der botanischen Terminologie fort: Auch da wird als »Samen« bezeichnet, was eigentlich schon die Verschmelzung von Samen- und Eizelle ist.

Tatsächlich ist das pflanzliche Samenkorn die bereits befruchtete Eizelle, welche unter günstigen Bedingungen zum Embryo, dem Keimling, heranwächst. Der wirkliche »Same« der Pflanzen – nämlich die Samenzelle – ist das Pollenkorn, welches durch Wind, Insekten – oder in selteneren Fällen auch vom Wasser, von Vögeln oder Kleinsäugern – zu den weiblichen »Geschlechtsteilen« der jeweiligen Pflanzenart verfrachtet wird. Ebendort verschmelzen dann – wie bei Tieren und Menschen auch – Samen- und Eizelle. Die so befruchtete Eizelle wird mit einem Nahrungsvorrat und schützenden Hüllen zum »Samenkorn« ausgestattet, um eine spätere Keimung zu ermöglichen.

Der chemische Krieg gegen zukünftige Generationen

Untersuchungen von Wissenschaftern in anderen Ländern kamen zu ähnlichen Ergebnissen: Die männliche Fruchtbarkeit ist – zumindest in den westlichen Industriestaaten – im Schwinden begriffen. Dabei müßte sie genaugenommen stärker sein denn je: Unsere Lebenserwartung hat einen in der Menschheitsgeschichte beispiellosen Höchststand erreicht, die Gesundheitsversorgung ist weitgehend lückenlos, der Ernährungszustand der Bevölkerung ist – im Gegensatz zu früheren »Hungerzeiten« – hervorragend. Dennoch haben immer mehr Männer Probleme, das zu tun, was seit ewigen Zeiten »ganz nebenbei« passierte: ein Kind zu zeugen.

Die Andrologen orten verschiedene Ursachen für die steigende Zeugungsunfähigkeit: Nervengifte wie Alkohol und Nikotin beeinträchtigen auch die Spermienqualität, beruflicher und privater Streß dämpfen gegebenenfalls nicht nur die Lust auf Liebe, sie wirken sich auch negativ auf die Produktion der Samenzellen aus.

Für den dramatischen Rückgang der Fruchtbarkeit in den letzten Jahrzehnten können diese Faktoren aber wohl kaum verantwortlich gemacht werden. Experten haben denn auch eine ganz andere Erklärung dafür: Zahlreiche Industriechemikalien, Insektizide und Inhaltsstoffe von Kunststoffen ähneln in ihrer chemischen Struktur jenen Hormonen, die auch für die Ausbildung der Fortpflanzungsfähigkeit verantwortlich sind. Wird der Organismus mit diesen Substanzen konfrontiert, können seine Funktionen empfindlich gestört werden.

Die US-Chemikerin Theodora Colborn hat in ihrem bemerkenswerten Buch »Die bedrohte Zukunft« die »chemische Kriegsführung« gegen zukünftige Generationen minutiös nachgezeichnet. Und sie berichtet auch von einer Entdeckung, die vielen, die sich das Nachlassen der männlichen Fruchtbarkeit nicht erklären konnten, die Augen öffnete: Als Biologen in den 80er Jahren im US-Bundesstaat Florida am für seine blühende Alligatoren-Population berühmten Lake Apkoka Alligator-Eier für Zuchtfarmen sammeln wollten, stellten sie fest, daß aus nur knapp 18 Prozent der Eier lebensfähige Jungen schlüpften – normalerweise liegt der Wert bei 90 Prozent. Darüber hinaus starben noch rund 50 Prozent der geschlüpften Jung-Alligatoren innerhalb der ersten zehn Lebenstage. Weitere Forschungen zeigten gänzlich unerwartete Ergebnisse: Zumindest 60 Prozent der männlichen Alligatoren am Lake Apkoka zeigten massive Mißbildungen der Geschlechtsorgane.

Kein Kind durch Nikotin

Es müssen nicht gleich synthetische Hormone sein: Schon wer zur Zigarette greift, hat weniger Chancen auf Nachwuchs. Rauchende Männer produzieren schlechtere Spermien, bei rauchenden Frauen zeigen die Eizellen mangelhafte Qualität, und sie erleiden auch häufiger eine Fehlgeburt. Nach Expertenmeinung haben Raucherinnen nur halb so hohe Chancen auf eine erfolgreiche Schwangerschaft wie Nichtraucherinnen. Vor diesem Hintergrund wird die Tatsache relevant, daß trotz aller Anti-Nikotin-Kampagnen zumindest in Europa die Zahl der Raucherinnen steigt: So greifen etwa in Österreich bereits 20 Prozent der 15jährigen Mädchen täglich zur Zigarette.

DDT gegen Spermien

Colborn beginnt ihre »Chronik von der verlorenen Fruchtbarkeit« in den 50er Jahren: Seit damals belegen Forschungsergebnisse einen massiven Rückgang der Vermehrungsquoten bei Wildtierpopulationen. Unabhängig voneinander stellten damals Wissenschafter hochgradige Sterilität bei amerikanischen Seeadlern und britischen Fischottern fest.

In den 60er Jahren kam es zu weiteren scheinbar unerklärlichen Vorkommnissen: Nerzfarmer in Michigan klagten über Unfruchtbarkeit bei ihren Zuchtnerzen, ohne erkennbaren Grund gingen die Wurfzahlen zurück, ab 1967 waren viele Nerzweibchen gänzlich unfruchtbar geworden, manche der Tiere gingen auch ein. Die Tiere waren allesamt mit Fisch aus den Great Lakes gefüttert worden. In den 70er Jahren folgten Beobachtungen von Fruchtbarkeitsstörungen bei Möven, in den 80er Jahren häuften sich in Großbritannien Meldungen von »zwittrigen« Flußfischen, die sowohl männliche als auch weibliche Merkmale aufwiesen. Es folgten Berichte über zwittrige Lachse oder auch Meeresschnecken, die Kategorien »männlich-weiblich« schienen sich bei immer mehr Tierarten aufzulösen. Doch diese »Auflösung der Geschlechtlichkeit« hatte handfeste Gründe.

In allen obengenannten Fällen – ob nun männliche oder weibliche Tiere betroffen waren – wurden vom Menschen hergestellte Chemikalien als Verursacher der Sterilität dingfest gemacht: Sämtliche betroffenen Tierarten waren Pestiziden wie DDT, Lindan, Docofol oder Dieldrin oder chlorierten Kohlenwasserstoff-Verbindungen wie PCB und Dioxin ausgesetzt. Weil sie in Gewässern lebten, in denen solche Substanzen von angrenzenden Feldern und Plantagen gespült wurden, weil sie Beutetiere fraßen, die die Gifte zuvor aufgenommen hatten, weil solche Gifte seit Jahrzehnten immer und überall präsent sind.

Und alle diese Substanzen wirken nicht nur giftig, sie sind – weil sie Geschlechtshormonen, Testosteronen und Östrogenen, ähneln – gegebenenfalls auch imstande, schwere Störungen an den Fortpflanzungsorganen hervorzurufen – und zwar schon während der Embryonalentwicklung. Entscheidend ist dabei nicht unbedingt die Dosis des Schadstoffes, sondern vielmehr der Zeitpunkt. Ist der Embryo in bestimmten »sensiblen« Phasen auch nur winzigen Spuren der mutagenen Substanz ausgesetzt, kann das fatale Folgen haben. »Ob aus Gewebe nun ein Penis oder eine Klitoris, ein Hodensack oder Schamlippengewebe wird oder auch irgend etwas dazwischen, das hängt von den hormonellen Einflüssen ab, denen ein Baby während seiner Entwicklung ausgesetzt ist«, konstatiert Colborn.

Offensichtliche »Zwittrigkeit« ist beim Menschen auch heute noch sehr selten, doch weniger augenfällige – zum Beispiel innerliche – Fehlentwicklungen der Geschlechtsorgane sind tatsächlich signifikant häufiger geworden. In Großbritannien haben sich die Fälle von Hodenhochstand zwischen 1962 und 1981 verdoppelt, für Schweden und Ungarn liegen ähnliche Zahlen vor.

Ein »Hodenhochstand« bedeutet, daß beim Knaben die im Körperinneren sich entwickelnden Hoden nicht in den Hodensack wandern – eigentlich sollte dies noch im Mutterleib oder in den ersten Monaten nach der Geburt geschehen. Ein Hodenhochstand ist nicht nur ein kosmetisches Problem: Die männlichen Keimdrüsen sind mit gutem Grund im Hodensack aus dem Körper »ausgelagert«, Spermien können sich nur bei geringeren Werten als der Körpertemperatur richtig entwickeln. Befindet sich ein oder gar beide Hoden im Körperinneren, ist Unfruchtbarkeit die Folge – Männer, die an Hodenhochständen leiden oder als Kind daran litten, weisen signifikant niedrigere Spermienzahlen auf, die Spermien sind auch sehr häufig mißgebildet. Im schlimmsten Fall können bei hochstehenden Hoden die »überhitzten« Zellen der Keimdrüsen entarten, und es kommt zu Hodenkrebs. Und der ist auch unabhängig von Fehlbildungen wie dem Hodenhochstand im Steigen begriffen.

In den letzten 25 Jahren haben die Fälle von Hodenkrebs in den westlichen Industriestaaten ständig zugenommen. Allein in Deutschland erkranken jährlich zwischen 2 500 und 3 000 Männer am Krebs der Keimdrüsen – und die meisten sind im besten Zeugungsalter: das Durchschnittsalter für Erstdiagnose des Seminoms, der »harmloseren« Krebsvariante, liegt bei 37, das für die bösartigeren Nicht-Seminome bei 27 Jahren.

Frühreife Mädchen, sterile Frauen

In bezug auf die männliche Fruchtbarkeit ist der Einfluß von »Pseudohormonen« so gut wie bewiesen, doch auch die weibliche Fertilität ist durch Industriechemikalien mit Hormonwirkung gefährdet. So existieren etwa für die USA und Kanada Daten, die zeigen, daß die Endometriosen im Steigen begriffen sind. Bei einer Endometriose kommt es zu Fehlbildungen des Gewebes von Eileiter, Gebärmutterhals und Gebärmutter. Nach Expertenmeinung nehmen diese Fehlbildungen seit dem Zweiten Weltkrieg drastisch zu, in den USA sollen nach Schätzungen 10 bis 20 Prozent der Frauen darunter leiden.

Auch die Eileiter-Schwangerschaften nehmen zu. Im US-Bundesstaat Wisconsin wurde festgestellt, daß sich ihre Zahl von 1979 bis 1987 um das Vierfache erhöht hat.

Die Wissenschaft führt das vermehrte Auftreten solcher Gesundheitsprobleme auf Gifte wie PCB, Dioxin und Furane zurück – diese heute omnipräsenten Chemikalien reichern sich im Körperfett an und können bereits im Mutterleib das ungeborene Kind schädigen. In sogenannten »sensiblen« Phasen, wo das Ungeborene besonders wichtige Entwicklungsschritte durchmacht, genügen winzige Giftmengen, um lebenslange Fehlfunktionen und Defekte zu verursachen.

Daß wir von einem noch weitgehend unerforschten Pseudohormon-Cocktail umgeben sind, zeigte auch eine 1997 veröffentlichte Studie des deutschen Umweltbundesamtes. Die in Reinigungsmitteln enthaltenen Alkylphenole zeigen ebenso hormonelle Wirkung wie das Anti-Pilzmittel Viclozolin, mit dem Erbeeren behandelt werden, oder der Stoff Bisphenol A, der in Plastikplomben, Wasserrohren, Konservendosen und Kronkorken enthalten ist.

Noch weiß die Wissenschaft viel zuwenig über das komplizierte Wechselspiel der Hormone – alle paar Wochen werden neue, verblüffende Entdeckungen vermeldet.
So besteht etwa ein direkter Zusammenhang zwischen der Entstehung von Brustkrebs und Östrogen: Frauen tragen ein umso höheres Risiko, an einem Mammakarzinom zu erkranken, je mehr Östrogen sie im Laufe ihres Lebens ausgesetzt ist. Und die Östrogen-Menge hängt wieder von der Zahl ihrer

Letzte Meldung in Sachen »Hormone & Gifte«
Mitte 1998 veröffentlichten Wissenschafter am Universitätsklinikum in Mannheim Daten, die sie in den letzten 17 Jahren gesammelt hatten. In einer Langzeitstudie wurde der Schadstoffgehalt von Fettgewebe von drei- bis sechsjährigen Kindern untersucht, welches in diesem Zeitraum deutschlandweit bei Operationen angefallen war. Die Forscher konnten positiv vermerken, daß die Belastung des Gewebes mit »traditionellen« Giften wie DDT deutlich zurückgegangen war. Bei Proben aus den letzten Jahren mußte allerdings eine Belastung mit dem »modernen« Insektizid Toxaphen festgestellt werden: Dieses Gift wird gegen Baumwollschädlinge und Parasiten an Tieren – etwa Flöhen – eingesetzt und wirkt wie ein Hormon.
Um die gleiche Zeit veröffentlichten Wissenschafter vom Institut für Fischereiforschung im holländischen Ijmuiden Daten, die belegen, daß sich in der Fettschicht gestrandeter Wale Flammschutzmittel von Fernsehgeräten und Computern anreichert. Die Gifte hätten damit bereits das Ende der Nahrungskette im Meer erreicht und würden nicht nur das Nervensystem schädigen, sondern auch die Fortpflanzungsorgane. Es »könnte sich eine globale Verseuchung anbahnen« meldet »Spektrum der Wissenschaft« im August 1998.

»fruchtbaren« Jahre ab. Je früher die Menstruation einsetzt, je später sie stoppt, umso größer das Brustkrebsrisiko.
Daß Mädchen heutzutage früher »reif« werden, ist eine Tatsache. Die Ursachen dafür sind unbekannt: Manche Experten meinen, der gute Ernährungszustand wäre dafür verantwortlich, daß Mädchen heute im statistischen Durchschnitt früher menstruieren als noch vor einigen Jahrzehnten. Andere sehen auch hier hormonähnliche Chemikalien am Werk. Nicht zuletzt deshalb, weil die Brustkrebsrate exakt seit Beginn des »chemischen Zeitalters« steigt: Vor 50 Jahren erkrankte eine von 20 Frauen, heute eine von acht. Auch wenn die Heilungschancen durch Früherkennung und verbesserte Behandlungsmethoden steigen, so sterben doch rund 1700 Österreicherinnnen und 18000 deutsche Frauen pro Jahr an den Folgen des Brustkarzinoms.
Und wenn synthetische Hormone zur Entstehung von Brustkrebs beitragen können, ist es sehr wahrscheinlich, daß sie auch die Funktion der Fortpflanzungsorgane beeinflussen. Schließlich liegt weiblicher Unfruchtbarkeit in der überwiegenden Zahl der Fälle eine hormonelle Unstimmigkeit zugrunde: Der Körper ist nicht imstande, den richtigen Hormoncocktail zu produzieren, welcher die Eizelle reifen läßt und für die Befruchtung empfänglich macht.

Alles Lieben ist Chemie

Vielleicht sind hormonelle Unstimmigkeiten aber nicht nur für die zunehmende körperliche Sterilität, sondern auch für den abnehmenden Wunsch nach Kindern verantwortlich. Alles Leben ist schließlich Chemie – und alles Lieben auch.
Weil bestimmte Chemikalien wie Hormone wirken können, stören sie gegebenenfalls nicht nur die körperliche Entwicklung, sondern auch das Verhalten. Beispiele aus dem Tierreich liegen vor: So rätselten Ornithologen in den 70er Jahren in Kalifornien über Verhaltensstörungen im Brutverhalten von

Möven: Die sonst sehr unverträglichen Mövenweibchen begannen Gemeinschaftsnester anzulegen, statt Männchen und Weibchen brüteten zwei Weibchen. Dementsprechend nahm die Zahl der erfolgreich großgezogenen Mövenküken dramatisch ab. DDT hatte den Hormonhaushalt der Tiere verändert und zu abnormem Verhalten geführt. Auch bei zahlreichen anderen Tierarten sind durch Pseudohormone hervorgerufene Verhaltensänderungen, was Fortpflanzung und Brutpflege betrifft, belegt.

Was menschliches Verhalten betrifft, sträuben wir uns verständlicherweise gegen die Vorstellung, daß es durch Umweltschadstoffe geprägt sein könnte. Doch die allgegenwärtigen Beispiele von durch Drogen oder Alkohol hervorgerufenem Fehlverhalten zeigen die drastische Wirkung von Chemikalien auf unser Gehirn und damit auf unsere Verhaltensweisen.

Erwiesenermaßen werden auch »urmenschliche« Parameter wie Sympathie, Abneigung, sexuelles Interesse durchaus von »äußeren« Faktoren, etwa hormonellen Duftstoffen, beeinflußt.

Untersuchungen in den USA haben einen gewissen Zusammenhang zwischen bestimmten Hormonbehandlungen während der Schwangerschaft und der späteren homo- oder bisexuellen Orientierung des »mitbehandelten« Kindes aufgezeigt.

Die Chemikerin Theodora Colborn zieht aus solchen Hinweisen weitreichende Schlüsse: »Hormone bestimmen unser Verhalten nicht, aber sie haben mit großer Wahrscheinlichkeit ... Einfluß auf die Ausprägung partnerschaftlicher und elterlicher Verhaltensweisen. Es gibt einige neuere Studien an Säugetieren zur Entwicklung der Bindung zwischen den Geschlechtspartnern und Mutter und Nachwuchs – beide Mechanismen sind hormonabhängig. ... Wir sind davon überzeugt, daß weitere Studien bestätigen werden, daß der pränatale Einfluß des hormonellen Umfelds in entscheidenden Entwicklungsstadien in der Tat Konsequenzen für das Verhalten als Erwachsener – in bezug auf die Partnerwahl ebenso wie auf elterliche und soziale Verhaltensweisen – haben wird.«

Wünschen sich immer weniger Männer und Frauen Kinder, weil sie in ihrer psychischen Entwicklung durch Umweltgifte geschädigt wurden? Vielleicht auch das.

Mutterliebe in den Genen?

Im Tierversuch wurde ein Zusammenhang zwischen ererbter Gehirnchemie und Fürsorge für den Nachwuchs 1998 nachgewiesen. Ein US-Forscherteam untersuchte das Verhalten von Mäuse-Müttern, in deren Erbgut ein bestimmtes Gen – das Dbh-Gen – fehlte. Dieses Gen ist unter anderem für die Bildung jenes Enzyms verantwortlich, welches den Austausch des Botenstoffs Norepinephrin im Gehirn steuert. Dieser Botenstoff ist für jene Teile des Gehirns von Bedeutung, über welche bei Säugetieren auch die Brutpflege gesteuert wird. Mäusemütter ohne das Gen erwiesen sich als »schlechte Mütter« und vernachlässigten ihren Nachwuchs. Während bei genetisch »normal« ausgestatteten Mäuseweibchen 85 Prozent der Jungen überleben, belief sich der Wert bei den genetisch »defekten« Mäusemüttern auf nur 35 Prozent.

Wenn die Seele streikt

Unfruchtbarkeit, psychosomatisch betrachtet

»Ich hasse meinen Körper, weil er mich so im Stich läßt. Immer wieder muß ich denken: Warum kann ich nicht, was jede andere spielend zuwege bringt. So viele Frauen werden schwanger und sind unglücklich darüber. Ich würde mir nichts sehnlicher wünschen, und es klappt ganz einfach nicht. Die unmöglichsten Frauen, die nicht das geringste für Kinder übrig haben, können welche zur Welt bringen. Nur ich nicht. Die Ärzte können nichts feststellen, auch bei meinem Mann nicht. Wir sind kerngesund, alles paßt, der Job, die Wohnung – was fehlt, ist unser Kind. Bei der psychologischen Beratung ist auch darüber gesprochen worden, daß ich meinen Körper nicht akzeptieren kann. Aber ich lehne ihn ja nur ab, weil er nicht funktionieren will. Es ist ein Teufelskreis. Und manchmal fürchte ich, daß ich daran zerbreche.«

Liliane Z., kaufmännische Angestellte

In Deutschland gibt es pro Jahr geschätzte 130 000 Abtreibungen, in Österreich sind's um den Faktor 10 weniger. Gleichzeitig mühen sich Zehntausende Frauen verzweifelt ab, zu einem Kind zu kommen.

Kinderlosigkeit hat viele Ursachen – und manchmal ist trotz ausgeklügelter Untersuchungsmethoden keine organische

festzustellen. In einem solchen Fall bleibt nur eine Erklärung: Die Psyche ist »unfruchtbar«.
Laut Statistik sind bei 80 Prozent der ungewollt kinderlosen Paare körperliche Störungen die Ursache für die Sterilität, zu 20 Prozent liegen die Gründe im psychischen Bereich.
Eigentlich paradox: Da können junge, gesunde Frauen auch unter größten Mühen kein Kind empfangen, gleichzeitig werden unzählige Frauen nach einer Vergewaltigung schwanger – obwohl sie nichts weniger wollen, als ein Kind ihres Peinigers zu bekommen.

Wenn der Körper nicht gehorcht

In jüngster Zeit bewegte das Schicksal Tausender Frauen in Bosnien die Gemüter: Sie waren bei Massenvergewaltigungen durch serbische Soldaten geschwängert worden – viele von ihnen wurden daraufhin auch noch von ihren Männern oder deren Familien verstoßen, als ob sie den brutalen Übergriff selbst verschuldet hätten. Diese Frauen hätten alles dafür gegeben, nicht schwanger zu werden. Sie standen unter extremem psychischen Streß, hatten oft schwere körperliche und seelische Mißhandlungen zu erdulden, waren auch, was Ernährung und Hygiene betrifft, extrem schlecht versorgt. Dennoch haben sie – meist – gesunde und kräftige Kinder zur Welt gebracht – obwohl Zeugung und Schwangerschaft unter den denkbar ungünstigsten Bedingungen stattfanden.
Und unter weniger drastischen Umständen kamen und kommen auch bei uns »Kinder der Schande« zur Welt: Als Abtreibungen noch illegal waren, hatten unzählige Mädchen und Frauen unter dem Stigma »uneheliche Mutter« zu leiden. Weder bei ihnen noch bei den ungewollt Schwangeren heute hat psychischer Druck ausgereicht, eine Schwangerschaft zu verhindern oder vorzeitig zu beenden.
Weder die Angst vor dem Schwanger-Werden noch die Angst vor der sozialen Ächtung hat je ein »ungewolltes« Kind ver-

hindert. Manche der »ledigen Mütter« sahen in ihrer Verzweiflung keinen anderen Ausweg als den Selbstmord – eher gelang es ihnen, sich selbst zu töten als den Fetus in ihrem Bauch.

Wie sehr Frauen unter einer unbeabsichtigten Schwangerschaft leiden, zeigen auch heute immer wieder Verzweiflungstaten: Obwohl in den meisten westlichen Ländern Schwangerschaftsunterbrechungen mittlerweile legal sind, obwohl es keine Probleme macht, für ein Kind liebevolle Adoptiveltern zu finden – die »Nachfrage« an gesunden Babys übertrifft das »Angebot« bei weitem –, kommt es immer wieder zu spektakulären Kindesweglegungen oder gar Tötungsakten. Babys werden zerstückelt in Müllcontainern gefunden, erwürgt irgendwo im Wald deponiert. Im Januar 1998 wirft die 15jährige Wienerin Saskia D. ihr Neugeborenes aus dem 10. Stock ihres Wohnhauses, Ende Mai des gleichen Jahres wird im deutschen Hoyerswerde ein Neugeborenes mitten im Wald, bedeckt mit Gras und Zweigen, gefunden – daß die kleine Emily überlebt hat, grenzt an ein Wunder, ihre Mutter bleibt unbekannt.

Alle diese Kindesmörderinnen und Kindesweglegerinnen müssen während ihrer Schwangerschaft unter enormem psychischen Druck gelitten haben – dennoch hat keine ihr Baby verloren. Alle diese Kinder sind zur Welt gekommen, obwohl sie nicht im geringsten erwünscht waren.

Die Seele ist ein weites Land

Umso seltsamer mutet es an, daß gesunde Frauen, die in gesicherten finanziellen Verhältnissen und in einer liebevollen Partnerschaft leben, aus »psychischen Gründen« unfruchtbar sein sollen. Vielleicht steckt hinter dem vermuteten seelischen Konflikt doch eine bislang unbekannte, unentdeckte organische Ursache.

Generell geht die Tendenz in Wissenschaft und Forschung ja in Richtung »Körper statt Psyche«. Ende der 60er, Anfang der

70er Jahre wurde die psychische Seite von Erkrankungen »entdeckt« – und in der Folge gelegentlich auch überbetont. So galt etwa Autismus bis vor kurzem als psychisch bedingt: Weil die Mutter dem Kind unbewußt Ablehnung signalisiere, könne dieses zu sich und der Welt nicht die richtige Beziehung entwickeln. Mittlerweile weiß man, daß Autismus durch eine spezielle Stoffwechselstörung im Gehirn zustande kommt. Unzählige Mütter haben ganz ohne Grund unter Schuldgefühlen gelitten und sich für die Erkrankung ihres Kindes verantwortlich gefühlt.

Doch die Seele ist ein weites Land, und bei etlichen Paaren, die lange Zeit aus »seelischen Gründen« kinderlos bleiben, hat sich der erhoffte Nachwuchs dann doch eingestellt. Unerwartet, plötzlich, ohne daß sich die Situation der Eltern sichtbar geändert hätte.

Dennoch ist die Diagnose »Nicht Ihr Körper, Ihre Seele ist unfruchtbar« für die Betroffenen oft schwerer zu tragen als die organisch bedingte Kinderlosigkeit. Eine körperliche Störung kann schließlich genau definiert werden, sie läßt sich gegebenenfalls behandeln – und wenn nicht, weiß man wenigstens, woran man ist. Der Körper ist berechenbar, eine Hormonlage läßt sich bestimmen, Ei- oder Samenleiter zeigen sich im Ultraschall, Spermien lassen sich zählen, die Basaltemperatur kann gemessen werden. Die Seele entzieht sich solchen Parametern, sie macht sich bemerk-, bleibt aber selbst unfaßbar.

»Entspannen Sie sich!« lautet denn auch der Ratschlag der Ärzte. Je mehr die kinderlosen Paare drängen, je verzweifelter sie sich abmühen, umso störrischer zeigen sich die Unabwägbarkeiten der Psyche.

Erst wenn es gelingt loszulassen, sich innerlich freizumachen, kann »es« stattfinden – vielleicht. Doch gerade der Schimmer am Horizont verleitet immer wieder dazu, doch zu hoffen, doch etwas zu versuchen, doch etwas erzwingen zu wollen.

»Erst als wir alle Hoffnung aufgegeben hatten, ist es passiert!«

Heinz und Elvira W. strahlen. Sie wurden nach Jahren des Bangens und Verzweifelns doch noch Eltern. Thomas und Birgit M. hängen an ihren Lippen, bei ihnen ist »es« – noch – nicht soweit. Werden sie jemals diesen wunschlos-befreiten Seelenzustand erreichen, der »es« dann doch möglich macht? Vielleicht, vielleicht auch nicht. Das Gespräch mit Familie W. – sie wären auch so gern schon eine! – hat ihre Hoffung genährt – und sie vielleicht gerade deshalb auch schon wieder zunichte gemacht.

Nicht »in Stimmung« für ein Kind?

Auch die lieben Mitmenschen können Einfluß darauf haben, ob's mit dem Baby klappt. Eine deutsche Studie hat gezeigt, daß Frauen, die von der Umwelt ständig mit Fragen nach ihrem »Zustand« bombardiert werden, nur halb so oft tatsächlich schwanger werden wie Frauen, denen ein derartiger Erwartungsdruck erspart bleibt.

Daß die Seele bei Fruchtbarkeitsproblemen entscheidenden Einfluß hat, könnten auch Vergleiche zwischen Mensch und Tier belegen. Vergleichsdaten existieren zum Beispiel aus der Hochleistungszucht von Rindern – auch da ist nicht nur künstliche Befruchtung, sondern auch Embryotransfer mittlerweile Routine. Beim Rind beträgt die Erfolgsquote bei der Verpflanzung von Embryos mehr als 70 Prozent, beim Menschen schaffen es nur 20 Prozent der in die Gebärmutter verfrachteten Embryos, sich dort auch tatsächlich einzunisten. Der Grund dafür liegt nach Meinung der Wissenschaft ausschließlich im weit komplizierteren Seelenleben des Homo sapiens.

Auch ins Zusammenspiel von körperlichen und psychischen Funktionen konnte die Forschung bereits Licht bringen: So führt etwa Streß zu vermehrter Adrenalinausschüttung, was wiederum den Hormonhaushalt der Fortpflanzung durcheinanderbringen kann. So kann etwa die Beweglichkeit der Eileiter abnehmen: Diese sind dann nicht imstande, die für die Befruchtung reife Eizelle aufzunehmen und in Richtung der Samenzellen zu transportieren. Streß kann auch die Einnistung der Eizelle in der Gebärmutter verhindern. Weil sich der Körper gewissermaßen im »Alarmzustand« befindet, reagiert er extrem auf alles »Fremdartige«: Eine befruchtete Eizelle enthält auch das Erbgut der Samenzelle, ist folglich »andersartig«, anders als das übrige Körpergewebe. Normalerweise baut der weibliche Körper um diesen »halben Fremdkörper« eine Schutzhülle auf, die eine Abstoßung verhindert. Ist das Immunsystem durch den Streß aber übersensibilisiert, schlägt diese schützende »Maskierung« fehl, und die Eizelle kann sich nicht festsetzen.

Auch die Produktion des Hormons Prolaktin kann sich unter Streß erhöhen: Prolaktin steuert nicht nur den Tränen-, sondern auch den Milchfluß der Brüste. Und es ist dafür verantwortlich, wenn es während des Stillens zu keiner erneuten Schwangerschaft kommt – weil es die Reifung von Eizellen in den Eierstöcken unterbindet.

Auch beim Mann kann Streß nachweislich die Zeugungsfähigkeit mindern: So kann ein hoher Adrenalinspiegel einerseits die Bildung von Spermien bremsen. Gegebenenfalls kommt es auch zu einer Funktionsstörung der Nebenhoden: Diese geben bei der Ejakulation keine oder zu wenige reife Spermien ins Sekret der Prostata ab – eine Zeugung ist dadurch nicht möglich.

Wunschlos – auch ohne Wunschkind?

»Loslassen!« – das ist der bevorzugte Ratschlag, den Frauen mit unerfülltem Kinderwunsch zu hören bekommen. Doch das ist leichter gesagt als getan. Die schönen Seiten des Lebens sehen, es genießen, Reisen, sich ein neues Hobby suchen – all das sollen Frauen tun, wenn sie vergeblich auf die Erfüllung ihres Lebens, ihr Kind, warten. Gute Ratschläge und allesamt nicht teuer.

Für Frauen – und Männer –, die sich selbst kein Kind wünschen – oder gewünscht haben –, ist es schwer nachzuvollziehen, wie sehr Paare unter ihrer Unfruchtbarkeit leiden.
Wenn das Kind dem Leben Sinn geben soll, im Brennpunkt des Lebensentwurfes steht, ist es nicht so einfach zu »ersetzen«. Natürlich gäbe es viele Möglichkeiten, den Wunsch, für etwas zu sorgen, sich einzusetzen, Mütterlichkeit und Väterlichkeit anders auszuleben. Aber dazu können sich nur wenige durchringen.
Ein Kind zu haben ist in gewisser Weise eine natürliche, einfache, selbstverständliche Art und Weise, die eigene Existenz mit Sinn zu füllen. Andere Wege – etwa soziales Engagement für Pflegekinder, krebskranke oder Dritte-Welt-Kinder – machen offenbar den meisten doch zuviel Mühe. Das Hemd ist einem auch in Sachen »Fürsorge« näher als der Rock.

Ein Kind um jeden Preis?

Die Reproduktionsmedizin boomt

Jahrtausendelang war das Wissen um Empfängnis und Empfängnisverhütung selbstverständlich Sache der Frauen, heute ist die Gynäkologie weitgehend »männlich« dominiert. Und in der boomenden Forschungsrichtung »Reproduktionsmedizin« erscheint die männliche Dominanz noch deutlicher. Die »Retortenbabys« wurden allesamt von männlichen Ärzten »gezeugt« – Kundinnen sind aber natürlich die Frauen.
An der »künstlichen Gebärmutter« wird zwar eifrig gearbeitet, doch das Modell ist noch lange nicht serienreif. In Japan etwa wurde 1997 bereits ein Lamm präsentiert, das als Fetus in einen künstlichen Uterus transferiert worden war und sich dort zur Geburtsreife weiterentwickelt hatte. Ihre Erfinder geben an, die von ihnen entwickelte Uterus-Simulation einsetzen zu wollen, um die Überlebenschancen frühgeborener Kinder zu erhöhen. Noch ist die Kunst-Gebärmutter nicht »serienreif«, doch die Möglichkeit, befruchtete Eizellen völlig ohne Mutterleib zu Kindern heranwachsen zu lassen, ist damit nähergerückt.
Das erste Kind, das durch eine Befruchtung außerhalb des Mutterleibs gezeugt wurde, ist dagegen bereits 1978 in Großbritannien geboren worden. Und seit der Geburt des »Retortenbabys« Louise Brown haben weltweit mehr als 300 000 im Reagenzglas gezeugte Kinder das Licht der Welt erblickt.
Mittlerweile ist in Sachen »Fortpflanzung« vieles möglich. So

haben Hormonbehandlungen und In-vitro-Fertilisation (die Befruchtung eines Eies im Reagenzglas) die Fruchtbarkeitsgrenze der Frauen bereits weit nach hinten verschoben: Als weltweit älteste Mutter hat die Italienerin Rossanna Dalla Corta 1994 im Alter von 63 Jahren einen Sohn geboren, zwei Jahre später wurde eine ebenfalls 63jährige Kalifornierin Mutter.
Noch ganz andere Möglichkeiten bietet die »Leihmutterschaft«: In Deutschland und Österreich ist die »Fremdschwangerschaft« zwar – noch – verboten, doch international nützt man diese medizinische Methode mittlerweile gründlich aus. Da haben bereits Mütter die Kinder ihrer Töchter ausgetragen – und Leihmütter, die sich's im letzten Moment doch anders überlegt haben, nach der Auftrags-Geburt vor Gericht darum gestritten, das Baby des anderen Paares behalten zu dürfen.

Labor statt Liebe

Schon bevor menschliches Leben im Reagenzglas gezeugt werden konnte, wurden hormonelle Behandungen gegen Unfruchtbarkeit praktiziert. Zu Anfang hatten die Hormongaben oft dramatische Effekte: Statt des erhofften *einen* Kindes gab's häufig Mehrlingsschwangerschaften. Heute sind die Diagnosemethoden sehr verfeinert, die Bestimmung des Hormonspiegels erfolgt sehr genau. Dennoch kommt es noch immer vor, daß durch den Hormonschub gleich mehrere Eizellen heranreifen.
Ansonsten sind Hormonbehandlungen oft sehr belastend: Schließlich wirken sich Hormone ja nicht nur auf eine einzige Körperfunktion aus, sondern können massive Nebenwirkungen zeigen. Und auch die Psyche reagiert – zur Sorge, ob »es« denn nun endlich klappt, ob die heißersehnte Schwangerschaft endlich eintritt, kommen mitunter Depressionen und ähnliches.
Auch bei anderen ärztlichen Hilfestellungen in Sachen »Kinderwunsch« ist eine hormonelle Stimulation nötig. Zum Bei-

spiel, wenn Eizellen für eine Befruchtung im Reagenzglas gewonnen werden sollen. Hier kann es nötig sein, die Eireifung durch Hormongaben anzuregen.
Doch nicht »nur im Glas« wird künstlich befruchtet: Gegebenenfalls erfolgt die Befruchtung auch direkt im Körper der Frau. Die »homologe Insemination« kommt zum Einsatz, wenn das Sperma des männlichen Partners aus eigener Kraft keine Befruchtung schafft. Sei es, weil zu wenige vitale Spermien vorhanden sind, sei es, daß der Muttermund der Frau trotz »fruchtbarer Tage« verschlossen bleibt und den Spermien einen Eintritt in den Gebärmutterhals nicht gestattet. Es kann aber auch eine organische Unverträglichkeit zwischen den Spermien und dem Gebärmutterhals-Schleim bestehen, welche bewirkt, daß die Samenzellen den Weg zur Eizelle nicht unbeschadet überstehen. In solchen Fällen kann der Arzt den Spermien den Weg ersparen und sie – zum hormonell erfolgversprechendsten Zeitpunkt – per Schlauch direkt zur Gebärmutter leiten.
Bei der In-vitro-Fertilisation werden Ei- und Samenzelle außerhalb des Körpers zusammengebracht – diese Methode wird etwa dann angewandt, wenn die Eileiter verklebt oder mißgebildet sind. Die Eizellen werden durch Punktion aus dem Körper der Mutter gewonnen, in der Regel wurde diese davor hormonell behandelt, um eine möglichst gute Qualität der Eizellen zu erreichen.
Sind die Spermien des Mannes nicht in der Lage, selbständig in die Eizellen einzudringen, können sie mittels Nadel in diese eingebracht werden. Diese intro-cytoplasmatische Spermieninjektion wird angewandt, wenn die Spermienqualität schlecht ist und nur wenige vitale Spermien vorhanden sind.

Mutterglück aus dem Glas?

Die Erfolgsrate für In-vitro-Fertilisationen liegt in Österreich derzeit pro Behandlungszyklus bei rund 25 Prozent, in

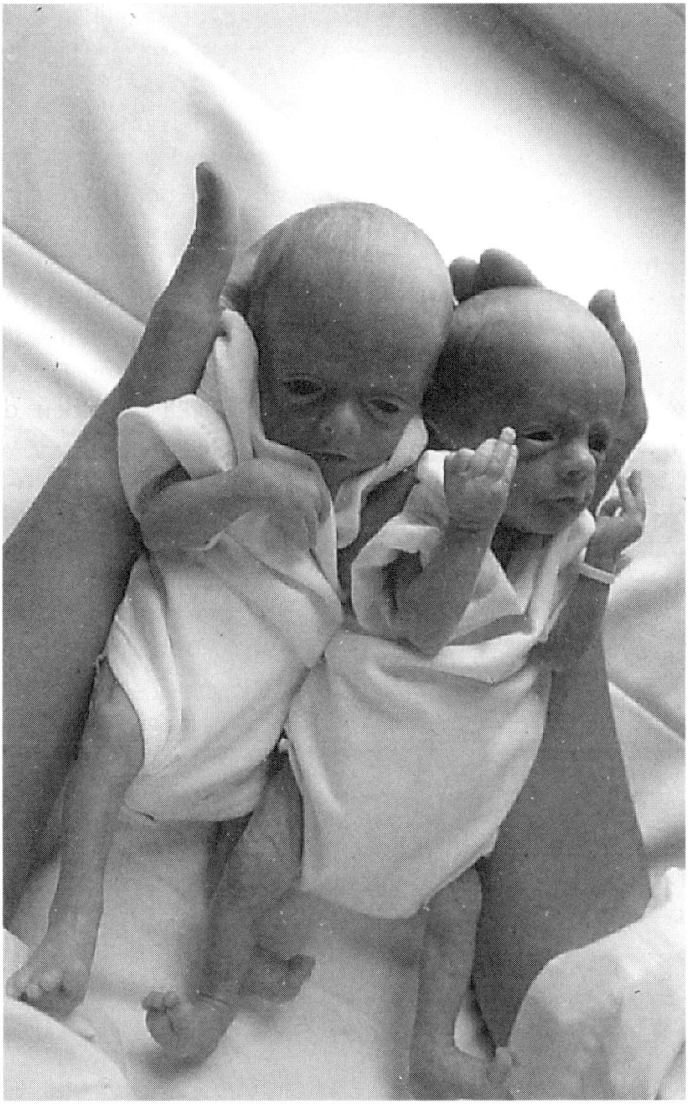

Frühchen und Zwillinge: Die Fortpflanzungstechnologie hilft. Doch das Risiko für eine Mehrlingsschwangerschaft und eine Frühgeburt steigt bei der »Schwangerschaft aus der Retorte«.

Deutschland kommt es bei nahezu 22 Prozent zu einer Schwangerschaft, Spitzenreiter in Europa ist Spanien mit einer Erfolgsquote von über 31 Prozent.
Doch bis sich der gewünschte Effekt einstellt, haben die Eltern in spe einiges auszustehen. Hormonbehandlungen, Punktionen, das Zittern, ob es diesmal endlich »funktioniert« hat: Betroffene Paare berichten übereinstimmend über große psychische Belastungen.
Und – zumindest in Österreich – über finanzielle: Obwohl die Weltgesundheitsorganisation WHO ungewollte Kinderlosigkeit als Erkrankung im engeren Sinn anerkennt, bekommen unfruchtbare Paare die Kosten für Fertilitätsbehandlungen nicht von den öffentlichen Krankenkassen ersetzt. Das Argument der Kassen: Die Krankheit »Sterilität« werde durch die Reproduktionsmedizin nicht geheilt. Deren Methoden seien nur ein »Substitutionsverfahren«: Auch wenn es zum Beispiel »in vitro« zu einer geglückten Zeugung und nach Verpflanzung der Eizelle zurück in den Uterus zu einer erfolgreich beendeten Schwangerschaft komme, würde die Unfruchtbarkeit des behandelten Paares nur »umgangen«, aber keineswegs »auskuriert«.
Betroffenen mag diese Argumentation zynisch erscheinen, den Krankenkassen erspart sie allerdings beträchtliche Summen. Schließlich kommt ein einziger Versuch, ein Kind im Reagenzglas zu zeugen, auf mindestens 35 000 Schilling (5 000 Mark), zwei Versuche sind in der Regel zumindest nötig, um eine Schwangerschaft zu erreichen. Mit flankierenden Hormonbehandlungen ergeben sich für österreichische Paare mit Kinderwunsch meist Kosten jenseits der 100 000 Schilling.
In Deutschland hat man mehr Einsehen mit ungewollt Kinderlosen: Da werden bis zu acht Fertilisations-Versuche bezahlt. Wer dann noch nicht aufgibt, muß allerdings selbst in die Tasche greifen.
In Deutschland und Österreich ist der Rahmen für medizini-

sche Hilfe beim Kinderkriegen recht eng gesteckt. Alle Formen der Leihmutterschaft sind danach verboten, auch eine Eizellen-Spende. Gestattet ist allerdings die Befruchtung mit »fremdem« Sperma – wobei allerdings das Paar, das sich zu so einer heterologen Insemination entschließt, keine Auskunft über die Identität des Samenspenders erhält. Dieser bleibt anonym, das Kind, das bei einer solchen Befruchtung mit Fremdsamen gezeugt wird, hat allerdings das Recht, ab seinem 14. Geburtstag über die Identität seines »genetischen Vaters« informiert zu werden.

Und noch eine wichtige Einschränkung nimmt das Gesetz in Deutschland und Österreich vor: Nur verheiratete Paare dürfen sich einer Fertilitätsbehandlung unterziehen. Ohne Trauschein geht gar nichts.

Und ohne Partner erst recht nicht: Alleinstehende Frauen, die sich per Katalog von der nächsten Samenbank mit Sperma von Intelligenzbestien und Sportstars beschicken lassen, gibt's nur in den USA.

Das Embryonen-Dilemma

In Österreich dürfen Embryonen – die befruchtete Eizelle wird bis zu einem Teilungsstadium von 8 Zellen in der Nährflüssigkeit belassen, dann tiefgefroren – nur ein Jahr lang aufbewahrt werden. In anderen Ländern gibt es weniger strenge Regelungen – oder auch gar keine.

Die Tatsache, daß – um die Erfolgschancen zu erhöhen – bei In-vitro-Fertilisationen nicht nur eine Eizelle, sondern mehrere befruchtet und unter Umständen auch mehrere Embryonen in den Uterus verpflanzt werden, führt zu bereits heftig diskutierten ethischen Problemen.

Wie lange sollen die tiefgekühlten Embryonen zum Beispiel aufbewahrt werden? Was soll mit ihnen nach Ablauf der Aufbewahrungsfrist geschehen? Manche Wissenschafter sehen in den winzigen Feten nur empfindungslose Zellhaufen und for-

dern, dieses menschliche Zell-»Material« für Versuche oder andere medizinische Verwendungen benutzen zu dürfen. Andere wieder fürchten Mißbrauch und fordern die baldmöglichste Vernichtung – für wieder andere ist gerade diese Vernichtung Mord.
Doch wer sollte diese »überzähligen« Embryonen austragen? Manche Frauen, die eine In-vitro-Fertilisation durchführen ließen, wollen »ihre« Embryonen zwar für längere Zeit aufbewahrt wissen, weil sie vielleicht später noch ein Kind haben möchten. Für andere dagegen ist der »Fall« nach der Geburt des »Wunschkindes« erledigt, und sie verschwenden keine Gedanken mehr an die Zellhaufen mit ihrem Erbgut im Stickstoffkühler.
Für internationales Aufsehen sorgte etwa der Fall jener tiefgekühlten Embryonen, deren »Erzeuger« beide bei einem Flugzeugabsturz ums Leben kamen. Die Eltern der Winzlinge waren sehr wohlhabend, wenn ihr »Nachwuchs« die Chance bekommen hätte, sich zu »richtigen« Menschen auszuwachsen, wäre er selbstverständlich erbberechtigt gewesen.
Auch wenn es »nur« um eine Samenspende geht, werden viele ethische Fragen aufgeworfen: So ist etwa in Österreich und Deutschland der Einsatz von Fremdsperma für eine Befruchtung im Körper der Frau erlaubt, bei der Befruchtung im Reagenzglas darf dagegen nur der Samen des Partners verwendet werden.
Doch auch dort, wo man nicht so streng ist, kann's Probleme geben. Beispielsweise ist in der Regel die Einwilligung des Samenspenders zur Verwendung seines Spermas zu Befruchtungszwecken erforderlich. Der Fall einer Amerikanerin, die sich vor einigen Jahren mit dem Sperma ihres verstorbenen Mannes befruchten lassen wollte und die Genehmigung dafür vor Gericht erfechten wollte, wirbelte einigen Staub auf. Mittlerweile ist auch diese Hürde genommen: Mitte 1998 meldete die amerikanische Wissenschaftszeitung »New Scientist«, daß

sich eine Witwe mit dem Samen ihres toten Gatten befruchten ließ – das Sperma war unmittelbar nach dessen unerwartetem Tod entnommen und tiefgefroren worden.

Mäuse als »Spermienbrutkästen« für den infertilen Mann
Im Sommer 1998 überraschte »Bild der Wissenschaft« mit folgender Meldung: An der Frauenklinik Melbourne wird daran gearbeitet, unreife menschliche Samenzellen in den Hoden von Mäusen zu befruchtungsfähigen Spermien heranreifen zu lassen. Anschließend sollen die so »hochgepäppelten« Zellen den unfruchtbaren Spendern wieder rückimplantiert werden und diesen damit zur Zeugungsfähigkeit verhelfen. Es geht eben nichts über die eigenen Gene – und über die frankensteinsche Kunst der Wissenschaft.

Fertilisation – ohne Rücksicht auf Verluste?

Doch auch dann, wenn einer Fertilitätsbehandlung ganz »unspektakulär« verläuft, kann es Überraschungen geben. Was jeder, der einigermaßen in den Prinzipien der Biologie bewandert ist, eigentlich erwarten müßte, wird nun zunehmend auch in der Praxis festgestellt. »Der Sohnemann erbt die Unfruchtbarkeit …« titelte etwa die deutschsprachige »Medical Tribune« Anfang 1998. Holländische Wissenschafter hatten festgestellt, daß Männer, die auf »normalem« Weg zeugungsunfähig waren, erbliche Mißbildungen an den Spermien aufwiesen.

Mittels bestimmter reproduktionsmedizinischer Methoden werden solche Defekte im Reagenzglas wettgemacht: Sind zu wenige vitale Spermien vorhanden, können sie angereichert werden, »müde« Samenzellen kann der Fachmann mittels Nadel direkt in die Eizelle verfrachten.

Gegebenenfalls wird von den Reproduktionsmedizinern auch offensichtlich defektes »Material« verwendet: Sind keine intakten Spermien zu finden, versucht man die Befruchtung auch mit mehrschwänzigen oder sonst mißgebildeten Samenzellen. Obwohl solche Mißbildungen ein Hinweis auf vererbbare Chromosomenschäden sein können.

Und wenn die schlechte Spermienqualität genetische Ursachen hat – und das ist laut der holländischen Studie zumindest bei jedem vierten unfruchtbaren Mann der Fall –, besteht das Risiko, daß der Defekt an den in vitro gezeugten Nachwuchs weitergegeben wird.

Und möglicherweise könnten damit noch andere erbliche Schäden vererbt werden. So ist etwa zystische Fibrose mit Unfruchtbarkeit korreliert. Bei dieser Erkrankung arbeiten die Schleimhäute nicht richtig, schwere Lungenschäden und Verdauungsprobleme sind die Folge, welche selbst bei kompetenter medizinischer Behandlung nicht nur die Lebensqualität, sondern auch die Lebenserwartung des betroffenen Kindes bedeutend mindern. Mutationen, die zu zystischer Fibrose führen können, wurden bei immerhin 14 Prozent der in den Niederlanden untersuchten Männer mit Fertilitätsproblemen festgestellt.

Auch der belgische Reproduktionsmediziner Dr. André van Steirteghem warnt Paare davor, daß sich »ihre Nachwuchsprobleme eventuell auf den Nachwuchs übertragen«. Außerdem hätte sich gezeigt, daß bei der Injektion von Samenzellen in die Eizelle ein doch geringfügig erhöhtes Risiko besteht, daß die Geschlechtszellen des so gezeugten Kindes Anomalien aufweisen. Ein derartiger Gendefekt würde sich natürlich auch wieder weitervererben.

Auch die hormonelle Stimulation, ebenso wie die Praxis, mehrere Embryonen von der Reagenzschale in die Gebärmutter zu transferieren, schaffen zusätzliche Risken: Wie britische Daten der Jahre 1980 bis 1993 zeigen, führt der Transfer von drei Embryonen – um die Chance auf zumindest eine erfolgreiche Einnistung eines Embryos in der Gebärmutter zu erhöhen – bei

27 Prozent der Schwangerschaften zu Zwillingsgeburten, bei 6 Prozent werden Drillinge geboren, bei 0,1 Prozent sogar Vierlinge (!).

Mehrlingsgeburten sind nicht nur ein Grund zur Freude: Häufig kommt es zu einer Frühgeburt, das Risiko für die Kinder ist entsprechend hoch. Bei der Mutter der ersten österreichischen »Retorten-Drillinge«, die acht Jahre um eine Schwangerschaft gekämpft hatte, setzten bereits nach der zehnten Woche die Wehen ein, in der Folge mußte sie 70 Tage liegend verbringen, um keinen Abortus zu erleiden. Schließlich mußten die Winzlinge – eines leidet am chromosomenbedingten Down-Syndrom (Mongolismus) – doch nach nur siebenmonatiger Schwangerschaft per Kaiserschnitt entbunden werden. Sie verbrachten die nächsten Wochen im Brutkasten.

Auch in vitro gezeugte Kinder, deren Entwicklung und Geburt weniger dramatisch verläuft, tragen ein höheres Geburtsrisiko: Eine Untersuchung in Boston ergab, daß vier von zehn Retortenbabys bei der Geburt Untergewicht aufweisen.

Gegebenenfalls kann die erzwungene Zeugung »im Glas« aber auch weit dramatischere Folgen zeitigen. Als eine 31jährige Frau in Edinburgh Anfang der 90er Jahre nach einer In-vitro-Fertilisation – sowohl sie als auch ihr Partner litten unter Sterilität – einen Jungen zur Welt brachte, schien erst alles in Ordnung. Ein Hoden des Kleinen war zum Zeitpunkt der Geburt zwar noch nicht in den Hodensack abgestiegen, aber das kommt auch bei »konventionell« gezeugten Kindern öfters vor. Ein halbes Jahr später konnte der Hoden bereits im Leistenkanal ertastet werden, er wanderte aber nicht weiter. Als der kleine Junge 15 Monate alt war, wollte man das Problem chirurgisch lösen. Und erlebte eine Überraschung: Das, was die Mediziner für einen Hoden gehalten hatten, erwies sich als Eierstock mit Eileiter und Gebärmutterhorn. Nähere Untersuchungen zeigten noch Verblüffenderes: Der kleine Junge war ein Zwitter – und zwar mit zwei voneinander unabhängigen

Genomen. Er besaß zweimal 46 Chromosomen, einmal eine männliche XY-, das zweite Mal eine weibliche XX-Variante.
Das Retortenbaby bestand eigentlich aus zwei Kindern: Von den drei Embryonen, die man nach der Befruchtung in die Gebärmutter der Frau transferiert hatte, waren zwei vollständig miteinander verschmolzen. Der kleine Junge war also gleichzeitig seine eigene Schwester. Bisher hatte das Mischwesen, wissenschaftlich »Chimäre« genannt, Glück: Es hat sich äußerlich zu einem normalen kleinen Jungen entwickelt, besucht mittlerweile die Schule und leidet bislang an keinen feststellbaren Entwicklungsstörungen. Eines aber ist schon heute sicher: Kinder wird der Zwitter aus der Retorte keine zeugen können.
Experten vermuten, daß es bei der In-vitro-Fertilisation weit häufiger zur Chimärenbildung kommt, als bisher bekannt wurde. Wenn sich das Kind augenscheinlich normal entwickelt, werden ja in der Regel keine Untersuchungen seines Erbgutes vorgenommen. In Laufe seines Lebens kann die genetische Anomalie für die Betroffenen aber durchaus ernste Probleme bedeuten – und fortpflanzen können sie sich auf keinen Fall.

Big Business Fortpflanzungsmedizin

Für die hormonelle Stimulation von Frauen mit Problemen bei der Follikelreifung werden spezielle Hormone, Gonadotropine, verwendet – heute stellt man diese synthetisch her, früher wurden sie aus dem Urin von Frauen ohne Fruchtbarkeitsprobleme gewonnen. Doch um jene Menge herstellen zu können, die derzeit jährlich benötigt wird, müßten 600 000 Frauen gefunden werden, die die dafür erforderlichen 120 Millionen Liter Harn spenden. In solchen Größenordnungen bewegt sich die Reproduktionsmedizin bereits – und der Markt für medizinisch-technische Fortpflanzungsmethoden wächst ständig weiter. »Ungewollte Kinderlosigkeit entwickelt sich zur Volkskrankheit«, bringt der Pressedienst der österreichischen Pharmaindustrie die Lage auf den Punkt.

Forschung und Industrie reagieren mit immer neuen Methoden und Medikamenten auf die steigende Nachfrage nach Hilfestellungen beim Kinderkriegen.

Diese Investitionen würden mit Sicherheit nicht getätigt, wenn man nicht auch für die Zukunft ein gutes Geschäft erwarten würde. Kritische Geister haben vor Jahren, als die Reproduktionsmedizin erst in ihren Kinderschuhen steckte, gemeint, daß so nach Möglichkeiten geforscht würde, die Menschheit auch nach einem Atomkrieg am Leben zu erhalten.

Von der Gefahr eines Nuklearkrieges wird derzeit kaum gesprochen, doch manche Visionäre sehen auch noch andere Möglichkeiten, wenn das Reproduktionsproblem erst umfassend gelöst ist.

So wird etwa die Legalisierung des Klonens von menschlichen Embryonen Ende 1998 auch in Europa bereits heftig diskutiert. Aus den so gewonnenen Stammzellen hofft man Gewebe oder auch Organe züchten zu können – da weltweit ein Mangel an Spenderorganen herrscht, würde das der Transplantationsmedizin ungeahnte Möglichkeiten eröffnen. Noch empfinden viele die »Verarbeitung« von Embryonen zu »Ersatzteilen« als ethisch nicht vertretbar, doch sie könnten bald auf verlorenem Posten stehen.

Albrecht Kunkel, Chefredakteur von »Spektrum der Wissenschaft«, im April 1997 zum Thema »Klonen von Menschen«: »Den notfalls als Organ-Ersatzteillager hergestellten späten Zwilling werden wir zwar nicht bekommen; aber wie wäre es mit einer hirnlosen Chimäre, der kein Arzt Bewußtsein und kein Jesuit eine Seele attestieren könnte?« Solche Visionen konnte selbst Aldous Huxley in seiner »Schönen neuen Welt« nicht halluzinieren. Aber was verstand der schon von Reproduktionsmedizin.

Das eigene Kind: Egoismus der Gene?

Die Schwierigkeiten der Adoption

Wenn ein Paar verzweifelt versucht, ein Kind zu bekommen, von einem Arzt zum anderen pilgert, auf immer neue »Wundermittel« hofft, ist Kritik nicht weit. »Warum muß es denn unbedingt ein eigenes Kind sein? Es gibt so viele arme Kinder! Warum adoptieren die nicht einfach ein Kind?« reden Freunde und Verwandte hinter dem Rücken der Kinderlosen, und ein paar ganz Mutige stellen ihnen solche Fragen vielleicht auch direkt ins Gesicht.

Ja, warum adoptieren Paare mit Kinderwunsch nicht einfach ein Kind?

Ein entscheidender Grund: Es ist nicht einfach.

Adoption – eine Lösung mit Problemen

Für sämtliche Industriestaaten gilt: Gesunde Babys, die zur Adoption freigegeben werden, sind Mangelware. Auf Hunderte Adoptionswillige kommen einige wenige neugeborene Kinder. Die Wartezeit für ein Adoptivkind beträgt mehrere Jahre, gleichzeitig werden von den Behörden strenge Maßstäbe an die zukünftigen Adoptiveltern gelegt: So beträgt etwa in Österreich und Deutschland die Altersgrenze für Adoptivmütter 35 Jahre, nur verheiratete Paare werden überhaupt für eine Adoption vorgemerkt. In mehreren intensiven Gesprächen wird die Beziehung der zukünftigen Eltern durchleuchtet, ihre

Eignung getestet. Auch an die Einkommens- und Wohnsituation werden Ansprüche gestellt. Immer wieder beschweren sich Paare, die ein Kinder adoptieren wollen, über die »diskriminierende« Haltung der Behörden. Doch die Mitarbeiter der Adoptionsstellen haben – schon vom Gesetz her – nur eines im Sinn: das Wohl des Kindes. Oder, wie es die Leiterin einer solchen Stelle formulierte: »Selbstverständlich können wir nicht garantieren, daß die Ehe der Adoptiveltern wirklich hält, daß das Kind wirklich in Geborgenheit und Sicherheit aufwächst. Aber wir wollen unser Möglichstes dazu tun. Wir haben so wenige Kinder zu vergeben, daß wir wählerisch sein können. Das ist nicht gegen die adoptionswilligen Männer und Frauen gerichtet, sondern soll nur dem Vorteil des Kindes dienen.«
Gesunde Babys sind in den Industriestaaten, wie bereits erwähnt, »Mangelware«, dringend gesucht würden dagegen Eltern für behinderte Babys oder für bereits etwas größere Kinder, denen schlimme Kindheitserlebnisse schwere seelische Wunden geschlagen haben.
Für kranke und »schwierige« Kinder sind jedoch kaum Adoptiveltern zu finden. »Sicher, das Leben kann auch mit dem eigenen Kind kompliziert sein, doch wenn ich ein Kind adoptiere, will ich nicht gleich mit einer so großen Hypothek beginnen. Ich glaube nicht, daß ich das schaffen könnte«, erklärt eine Adoptionswillige.
Tatsache ist: Auch wenn ein Adoptivkind sehr jung und kerngesund in die Familie kommt, müssen Probleme erwartet werden. Die Eltern haben die »Fremdherkunft« des Kindes immer im Hinterkopf – die Selbstverständlichkeit, mit der man sich dem »eigenen« Kind gegenüber verhält, ist beim adoptierten Kind nie wirklich gegeben. Liebt man es zu sehr, weil man so lange auf es warten mußte? Kann man es überhaupt genug lieben, um das »Weggegeben-worden-Sein« wettzumachen?
Ahnt es, daß es kein »gewöhnliches Kind« ist? Werden Ver-

wandte, Bekannte, Nachbarn das Geheimnis lange genug für sich behalten?
Alle Adoptiveltern müssen sich verpflichten, ihrem Kind eines Tages zu sagen, daß sie nicht seine leiblichen Eltern sind. Gegebenenfalls sollen sie dem Kind den Kontakt zu seiner leiblichen Mutter ermöglichen. Und den Eltern wird vor allem auch geraten, nicht zu lange mit dem aufklärenden Gespräch zu warten – denn von irgend jemandem erfahren in der Regel alle Adoptivkinder, daß sie »von jemand anderem« sind. Und diese Tatsache ist immer ein Schock: denn um »angenommen« werden zu können, muß man »verstoßen« worden sein. Es erfordert viel Einfühlungsvermögen und liebevolle Zuwendung von Adoptiveltern, diese Krise zu meistern.
Die Adoptionsbehörden wissen das und versuchen adoptionswillige Eltern auf diese Probleme vorzubereiten – und es gibt Institutionen, die Adoptiveltern Hilfe und Beratung bieten, damit sie solche Situationen besser bewältigen können.

Adoptivkind aus dem Kühlregal?
Eine weitere Spielart, zu einem Kind zu kommen, bietet eine US-Firma seit Mitte 1998 – und zwar die Adoption von bei Retorten-Befruchtungen »angefallenen« überzähligen Embryonen. Adoptiert wird nicht ein »fertiges« Kind, sondern dessen Frühstadium. Der Embryo plus Einpflanzung ist umgerechnet um rund 6500 Mark bzw. 45000 Schilling zu haben.

Ein Kind aus Indien oder Afrika?

In den Industriestaaten gibt es zu wenige Kinder, die zur Adoption freigegeben sind, in vielen Ländern der sogenannten Dritten Welt – und auch in manchen Ländern des ehemaligen Ostblocks – herrscht dagegen unvorstellbares Kinderelend. Dennoch werden sogenannte »Auslandsadoptionen« von den Behörden nicht forciert. Die Gründe sind vielfältig: Ein Argu-

ment ist, daß mit den großen Summen, die in eine einzige Adoption investiert werden, strukturelle Verbesserungen geschaffen werden können, die vielen Kindern zugute kommen. Ein zweites, daß das Kind nicht aus seinem Kulturkreis herausgerissen werden sollte. Ein drittes, daß in den politisch meist instabilen Ländern zuwenig Kontrolle darüber bestünde, ob das betreffende Kind wirklich keine Eltern oder Verwandten mehr hat bzw. tatsächlich freiwillig zur Adoption freigegeben wurde. In der Tat werden selten, aber doch »Kinderdiebstähle« – etwa in Lateinamerika – aufgedeckt.
Auf alle Fälle ist eine Auslandsadoption ein extrem belastender Vorgang: Allein die Kosten für Gebühren, Flüge – manchmal auch Bestechungsgelder – belasten eine durchschnittliche Geldbörse schwer, dazu kommen nervenaufreibende Verhandlungen und lange Wartezeiten. Alles in allem stehen nur sehr ambitionierte Eltern diese Prozedur durch.
Dennoch stellt sich die Frage, warum nicht mehr Paare mit unerfülltem Kinderwunsch diesen Weg gehen. Schließlich kosten auch Fertilitätsbehandlungen Zeit, Geld und Nerven. Offensichtlich besteht für viele doch ein fundamentaler Unterschied zwischen »einem« und »dem eigenen« Kind.

Ist Blut doch dicker als Wasser?

Nicht alle Paare sind so ehrlich wie Markus und Lisa W. in einem Interview der Zeitschrift »Eltern«. Angesprochen auf die Möglichkeit, ihren bislang unerfüllten Kinderwunsch durch eine Samenspende bzw. Adoption zu befriedigen, antwortet Markus, er wüßte nicht, ob er »damit klarkommen würde, daß das Kind von einem anderen ist«. Und Lisa verwirft die Möglichkeit einer Adoption mit dem Argument, sie sei Sozialarbeiterin und wisse, »wie verstört und geschädigt die meisten Kinder sind, die zur Adoption freigegeben werden.«
Wir geben uns heute gern weltoffen, liberal und egalitär, und den Gedanken, daß ein Mensch – auch ein Kind – uns wert-

voller erscheinen soll als ein anderer, nur weil er mit uns verwandt ist, also die gleiche genetische Ausstattung in sich trägt, würden wohl viele von uns empört von sich weisen.

Doch empirische Untersuchungen zeigen, daß auch für den aufgeklärten Menschen des 20. Jahrhunderts häufig Blut dicker als Wasser ist – vor allem wenn's um den Nachwuchs geht.

So ist es offenbar in vielen Gesellschaften üblich, angesichts eines Kleinkindes die Ähnlichkeit mit dem Vater zu betonen. Eine Mutter weiß selbstverständlich, daß das Kind, das sie geboren hat, das ihre ist. Der Vater kann genaugenommen nicht hundertprozentig sicher sein, es gezeugt zu haben – da macht es durchaus Sinn, sich zu bestätigen, daß man dem neuen Erdenbürger seine väterliche Herkunft ansieht. In einer amerikanischen Studie wurden die Gespräche von jungen Müttern unmittelbar nach der Entbindung analysiert: Schon innerhalb der ersten Viertelstunde sprachen die Frauen darüber, wie sehr ihre Kinder doch dem Vater ähnlich sähen.

Wesentlich unschöner zeigt sich die Bevorzugung des »leiblichen« Nachwuchses in Untersuchungen über Stiefkinder. Etliche US-Studien über Kindesmißhandlung haben gezeigt, daß von Übergriffen mit Todesfolge hundertmal häufiger Stief- als leibliche Kinder betroffen sind. Andere Untersuchungen zeigten, daß Stiefkinder vom »fremden« Elternteil häufig doch wesentlich strenger behandelt werden als die leiblichen Kindern. Wobei der gesellschaftliche Status oder die finanzielle Situation der Familien keine Rolle spielt. Die »böse Stiefmutter« kommt also nicht nur im Märchen vor – es gibt sie wirklich, und zwar in allen sozialen Schichten.

Selbstverständlich gibt es unzählige liebevolle Stiefmütter und -väter, doch die Untersuchungsergebnisse der US-Forscher werden gerade in jüngster Vergangenheit in Österreich durch zwei besonders grausame Fälle von Kindesmißhandlung bestätigt: Der Fall des kleinen Melvin, der vom Lebensgefährten seiner Mutter so verbrüht wurde, daß er an den Folgen starb, ging wochenlang durch die Presse. Umso mehr, als der leibliche Vater des kleinen Jungen vergeblich versucht hatte, bei den Behörden Aktivitäten zum Schutz seines Kindes zu erreichen. Wenig später wurde die kleine Jasmin von ihrem Stiefvater im Keller ihres Wohnhauses erwürgt, weil sie ihn durchs Betätigen der Türglocke gestört hatte. Auch dieses Kind wurde schon vor diesem letzten grauenvollen Übergriff immer wieder mißhandelt. In beiden Fällen haben die Mütter der Kinder sich ihren »neuen« Partnern nicht entgegengestellt und ihre Kinder deren Brutalitäten ausgesetzt.

Egoismus und Gene

Der amerikanische Evolutionsbiologe Richard Dawkins prägte den Begriff vom »egoistischen Gen«: vereinfacht ausgedrückt besagen seine Thesen, daß alle Lebewesen in gewissem Sinn nur »Vehikel« ihrer Gene sind. Wobei uns unsere Erbanlagen selbstverständlich nicht bewußt zu ihrer Vermehrung benutzen: Es liegt vielmehr in ihrer Natur, so angelegt zu sein, daß sie für ihren eigenen Fortbestand sorgen. Im System des Natürlichen bleibt das bestehen, was bestehen bleiben kann.

Und Gene steuern nicht nur die Länge der Beine eines Organismus oder seine Fähigkeit, Pflanzen zu verdauen. Sie steuern – gegebenenfalls – auch sein Verhalten.

Bei Löwen – aber auch bei Menschenaffen – ist es durchaus üblich, daß ein Männchen, wenn es einen Harem übernimmt, die Jungen seines Vorgängers tötet. In diesem Fall ist weder das Löwen- noch das Affenmännchen »böse«, es wird vielmehr vom Instinkt beherrscht, dem eigenen Erbgut einen Vorteil zu verschaffen. Wenn die Weibchen keine Jungen zu säugen haben, werden sie rasch wieder empfängnisbereit und können den Nachwuchs des »neuen« Männchens austragen.

Wir Menschen verwahren uns selbstverständlich davor, mit den »Tieren« und ihrem »unmenschlichen« Verhalten in einen

Topf geworfen zu werden, dennoch lassen sich auch in unseren kulturell bestimmten und verbrämten Verhaltensweisen, Sitten und Gebräuchen solche archaischen Muster feststellen. Gerade bei der Fortpflanzung tritt unser »tierisches« Erbe deutlich zutage – auch in der Tatsache, daß uns – zumindest meist – die eigenen Kinder – nicht nur genetisch – näher stehen als die Kinder »der anderen«.

Wo bleibt die Mutterliebe?

Von den Voraussetzungen und Folgen eines Gefühls

Warum soll eine Frau ein Kind bekommen? »Um es zu lieben!« werden die meisten Mütter antworten. »Um von ihm geliebt zu werden«, wird man schon weniger oft hören. Dabei ist es doch gar nichts Schlechtes, dieses Tauschgeschäft der Zuneigung zwischen Mutter und Kind.

Trotzdem versteht der Common sense Mutterliebe immer noch als Opfertat. In der Praxis mag sie das denn auch oft sein: Die Müh und Plag, die eine Frau in ihr Kind investiert, bis es endlich flügge ist, kann ja wirklich kaum ermessen werden. Doch rackern die Mütter wirklich allesamt selbstlos?

Auf den ersten Blick tatsächlich, auf den zweiten Blick steckt hinter all der Aufopferung mitunter handfester Egoismus.

Die selbstlos Liebende, die ihre eigenen Wünsche und Träume, ohne zu murren, dem Kind opfert, die immer »zurücksteckt« und stets verzichtet – das ist die eine Seite der Medaille. Die andere ist ein Fall für die Psychotherapie – dort spielen Mütter und ihre als Selbstlosigkeit getarnten Machtansprüche nämlich eine Hauptrolle.

Vorsicht, »schreckliche« Mütter

»Irgendwie hat mir meine Mutter immer das Gefühl vermittelt, nicht gut genug zu sein. Nichts richtig zu machen, mich einfach nicht genug zu bemühen. Sie hat es nicht leicht gehabt mit uns drei Geschwistern, mein Vater war beruflich viel im Ausland. Und wir haben schon gewußt, was wir an ihr haben. Aber bis heute ist es so, daß sie jede Hilfe ablehnt – und dann mit Leidensmiene klagt, wie schwer sie es hat. Ich will sie zum Beispiel für einen Besuch abholen. Sie sagt, sie fährt lieber mit der Bahn, um mir keine Umstände zu machen, läßt sich nicht umstimmen. Ist sie dann angekommen, jammert sie, wie anstrengend alles war. Da ist immer dieser Vorwurf in ihrer Stimme, egal was sie sagt oder tut«, berichtet Hannelore M. Ihr Problem: Das Gefühl, »nicht gut genug zu sein«, beherrscht nicht nur ihre Beziehung zur Mutter, sondern auch ihr restliches Leben. Sie ist beruflich erfolgreich, bewegt sich in »besseren Kreisen« und hat doch immer das Gefühl zu versagen. Sie hat – trotz dauerhafter Partnerschaft – keine Kinder: »Ich fühle mich selbst wie ein Kind, einfach nicht erwachsen genug. Innerlich bin ich von meiner Mutter nie losgekommen.«

»Sich aufopfern, um sich unentbehrlich zu machen«, »Immer für den anderen da sein, um ihn in Abhängigkeit zu halten« – das sind für beide Teile ungesunde Strategien. Mutter-Kind-Verhältnisse sehen oft so aus. Daß sich das fatale Muster dann im Leben des längst erwachsenen Kindes fortsetzt, macht die Sache nicht einfacher.

Für Thriller-Autoren sind psychische Verstrickungen, die es Kindern verunmöglichen, sich vom mütterlichen Herrschaftsanspruch zu emanzipieren, ein beliebtes Sujet. Anthony Perkins verkörpert in Hitchcocks Filmklassiker »Psycho« den vielleicht bekanntesten Prototypus: Er killt seine weiblichen Motel-Gäste in der Dusche und hat dabei die Leiche seiner Mutter im Doppelsinn »im Keller«.

Wie die Mutter, so die Tochter?

Daß aus geschlagenen und mißbrauchten Kindern häufig selbst schlagende und mißbrauchende Erwachsene werden, ist mittlerweile – leider – ein Allgemeinplatz der Psychologie.

Trotzdem sollte uns diese Tatsache zu denken geben – denn nicht nur das Extremverhalten »Mißbrauch« wird in Familien tradiert.

Daß Kinder ihren Charakter von den Eltern »erben«, ist sicher eine volkstümliche Vereinfachung – wenn auch bestimmte charakterliche Tendenzen bestimmt in den Genen stecken. Zumindest ebenso wichtig ist allerdings die Prägung, die Kinder erhalten, weil Eltern ihnen bestimmte Verhaltensweisen vorleben. Selbstverständlich findet auch hier kein Eins-zu-eins-Kopiervorgang statt – mitunter entwickeln sich Kinder bekanntermaßen diametral entgegengesetzt zum väterlichen oder mütterlichen Beispiel. Sie imitieren ja nicht nur, was sie hören, sehen und fühlen, sie reagieren darauf – und setzten sich mitunter ganz bewußt vom elterlichen Vorbild ab: »Nicht so sein zu wollen wie die Eltern« kann sogar eine sehr effektive Motivation fürs ganze Leben sein.

Doch offensichtlich nur für wenige – wie eine österreichische Studie aus dem Jahr 1996 über die Auswirkung von Scheidungen auf die Beziehungsfähigkeit der betroffenen Kinder zeigte. Die Ergebnisse bestätigten nämlich das, was ohnehin angenommen werden mußte: Scheidungswaisen haben im eigenen Leben Probleme, feste Bindungen einzugehen, die Beziehungsunfähigkeit ihrer Eltern setzt sich in ihnen fort. Fazit der Wissenschafter: Die Beziehungsfähigkeit der Kinder hängt wesentlich vom Vorbild der Eltern ab.

Der Ausdruck »Wie die Alten sungen, so zwitschern auch die Jungen« ist also kein bloßes Hirngespinst. Ebenso wie die Tatsache, daß Mütter und Töchter einander mitunter gleichen »wie ein Ei dem anderen«.

»Meine Mutter hat immer unter der Herrschsucht ihrer Mutter gelitten – und sie tut das noch, obwohl meine Großmutter nun schon über 80 ist. Und sie hat sich auch immer darüber beklagt, daß sie von ihr keine Anerkennung bekam. Was sie auch tat oder leistete, immer waren die Töchter von Freundinnen oder Verwandten besser, erfolgreicher, tüchtiger. Meine Mutter hat sich über das herabwürdigende Verhalten meiner Großmutter ihr gegenüber oft beschwert. Und ich fasse gar nicht, daß sie nicht merkt, daß sie sich mir gegenüber genauso verhält. Ich werde von ihr nie ein Wort des Lobes hören, sie interessiert sich kaum für mein Leben, stellt eigentlich nie Fragen. Wenn ich etwas erzähle, spricht sie sofort von etwas anderem. Noch ein Detail ist frappierend: Meine Mutter hat sich ständig beklagt, daß meine Großmutter immer wollte, daß wir zu ihr zu Besuch kommen. Sie wollte einfach nicht zu uns in die Wohnung kommen. Das war ein jahrelanger Streitpunkt. Meine Mutter besucht mich überhaupt nie, obwohl ich sehr schön wohne. Sie findet immer eine Ausrede und besucht im übrigen auch meinen Bruder und dessen Familie so gut wie nie. Ich selbst habe keine Kinder, und das hat natürlich viele Gründe. Aber irgendwie habe ich das Gefühl, daß sich die Mutterliebe in unserer Familie langsam verdünnt hat. Meine Mutter ist auch keine sonderlich liebevolle Oma, der Kontakt zu ihren Enkeln ist ihr eher eine Last. Meine Großmutter hatte da noch mehr Beziehung zu uns Enkelkindern. Ich habe gar kein Bedürfnis nach Kindern, obwohl ich sonst ein sehr liebes- und bindungsfähiger Mensch bin. Irgendwie geht mir dieses Gefühl ganz ab«, erzählt Kathrin B. In früheren Zeiten kamen mit dem Ehemann auch die Kinder. Heute kann man sich's aussuchen – und wenn die »Mutterliebe« fehlt, bleiben dann eben auch die Kinder aus.

Mutter und Kind – eine schwierige Beziehung

Auch wenn man nicht gern darüber spricht – das Verhältnis Mutter – Kind ist immer ambivalent. Eine Vielzahl ernster psychischer Schädigungen gehen auf ein gestörtes Verhältnis zwischen Müttern und Kindern zurück.

Die engste aller möglichen Beziehungen ist denn auch dem-

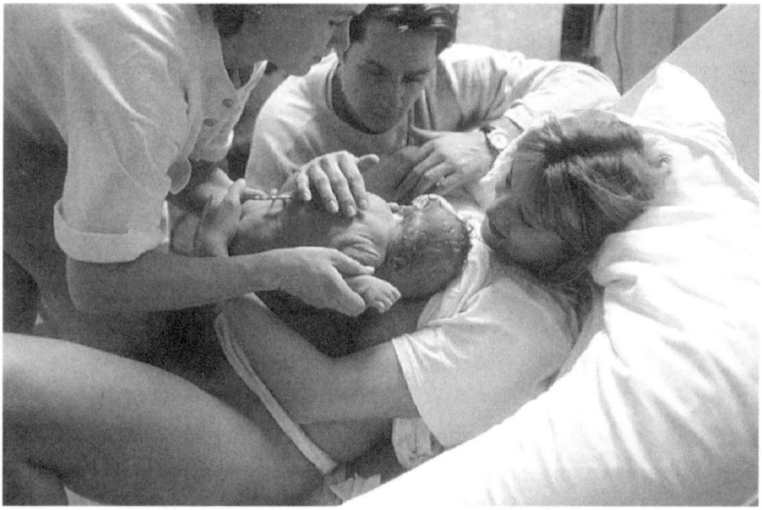

Mutterglück: Immer mehr Frauen verzichten darauf. Sind sie wirklich nur »zu egoistisch« fürs Baby? Oder hat manchen von ihnen die Liebe ihrer eigenen Mutter den Kinderwunsch ausgetrieben?

entsprechend kompliziert: Schließlich ist das Kind – zumindest in den ersten Lebensjahren – völlig auf die Mutter angewiesen. Für den Säugling ist sie alles: Nahrung, Wärme, Leben. Und noch viel mehr: Babys, die zwar versorgt werden, denen aber Zärtlichkeit versagt bleibt, bleiben körperlich, geistig und seelisch in ihrer Entwicklung zurück, sie können irreparable Schäden erleiden und sogar sterben.
Die zentrale und umfassende Bedeutung, die das so umfassende Phänomen »Mutterliebe« für die kindliche Entwicklung hat, wurde auch im Tierversuch bestätigt. Schon in den 60er Jahren untersuchte der amerikanische Psychologe Harry Harlow die Entwicklung von Rhesus-Äffchen. Er nahm die Neugeborenen von ihren Müttern fort und ließ sie ohne jeden Kontakt zu diesen großziehen. Die Tiere waren in ihrer körper-

Warum versagt der Mutterinstinkt?

Ansonsten legen wir ja viel Wert darauf, rational und bewußt zu handeln. Doch vom »Mutterinstinkt« ist immer wieder die Rede. Tatsächlich beruht unsere Beziehung zu Kindern – auch – wesentlich auf ganz ursprünglichen Gefühlen: Das »Kindchenschema« – großer Kopf, noch größere Augen – spricht uns spontan an und löst vor allem bei Frauen einen »Pflegetrieb« aus – zumindest dann, wenn alles mit rechten Dingen zugeht. Daß jedoch auch der vielbeschworene »Mutterinstinkt« von sozialen Faktoren modifiziert werden kann, zeigen immer wieder auch Beispiele aus der – angeblich ja völlig »instinktgesteuerten« – Tierwelt.

Ein eindrucksvolles und fürs Thema »Wo bleibt die Mutterliebe?« besonders relevantes Beispiel bildet eine Studie, die an der Emory-Universität in Atlanta durchgeführt wurde. Dort hat ein Forscherteam in umfangreichen Untersuchungen festgestellt, daß Affenweibchen, die selbst als Kinder von ihren Müttern mißhandelt wurden, auch die eigenen Kinder stoßen, treten oder am Schwanz ziehen. Beobachtungen an einigen hundert Affenfamilien mehrerer Arten wurden analysiert: Die Töchter von »lieblosen« und »brutalen« Müttern zeigten sich auch ihren Kindern gegenüber bemerkenswert gefühllos, Töchter von »guten« Müttern vergriffen sich dagegen nie an ihrem Nachwuchs. Die Forscher rätseln noch, ob die Aggressivität gegen den Nachwuchs genetisch vererbt oder gewissermaßen »erlernt« wird.

Manche mögen den Vergleich von Affen- mit Menschenmüttern entrüstet von sich weisen, doch schließlich ist ja gerade beim Verhältnis Mutter – Kind immer vom »Mutterinstinkt«, einem zumindest zum Teil tierischen Erbe, die Rede. Und nicht nur der menschliche Körper ist ein Produkt von 3,5 Milliarden Jahren Evolutionsgeschichte, auch unser

Gefühlsleben wird in weiten Bereichen von unserem »tierischen Erbe« bestimmt – trotz aller kultureller Entwicklung. Gerade in Sachen Sexualität, Liebe und Fortpflanzung läßt uns der Verstand bekanntermaßen öfter im Stich, als uns lieb ist. So finden Frauen weltweit Männer dann attraktiv, wenn sie »Führungspersönlichkeiten« sind. Die weibliche Vorliebe für Chefs, Professoren, Ärzte rührt einfach daher, daß es seit grauer Vorzeit für ein weibliches Wesen günstig war, wenn sie Nachwuchs von einem »tüchtigen« Mann bekam, der mit seinen Ressourcen dem Kind einen guten Start ins Leben sichern konnte. Eine Frau kann nur wenige Kinder bekommen, sie investiert viel in ihren Nachwuchs – Kinder von Frauen, die darauf achteten, einen fürsorglichen, wirtschaftlich potenten Partner zu finden, überlebten eher –, und mit ihnen vererbt sich auch die Vorliebe für fürsorgliche, wirtschaftlich potente Männer.

Männer wiederum könnten – theoretisch – unzählige Kinder zeugen. Ihre Chancen, sich erfolgreich fortzupflanzen, hängen aber maßgeblich von der Gesundheit der Partnerin ab. Weltweit bevorzugen Männer Frauen, deren Hüften etwa ein Drittel mehr Umfang aufweisen als ihre Taille – unabhängig davon, ob diese Frauen nun eher füllig oder mager sind. Beträgt das Verhältnis Taille zu Hüfte 2:3, ist das Becken gerade richtig »gebärfreudig«. Es mag desillusionierend sein, daß hinter so wunderbaren Gefühlen wie Liebe oder Zuneigung – auch – solch archaische Triebmuster stehen. Ein Trost: Wer sich seines »urzeitlichen« Erbes bewußt ist, kann besser damit umgehen und sich und andere besser verstehen. Leider haben sich die Erkenntnisse der »Evolution der Gefühle« aber noch wenig herumgesprochen. Dabei könnten sie in vielfacher Weise nützlich sein – auch beim Verständnis der »neuen Kinderlosigkeit«, die derzeit so heftig beklagt und kritisiert wird.

Selbstverständlich ist bei Tieren die Fortpflanzung eine zwingende Folge des Sexualtriebs. Die Lust am Sex hat Mutter Natur erfunden, um ihre Geschöpfe gewissermaßen zum Kinderkriegen zu verführen. Trotzdem haben auch manche Tierarten Strategien entwickelt, »unerwünschten« Nachwuchs zu verhindern: So können zum Beispiel bei vielen Nagern bereits in Entwicklung befindliche Embryonen wieder aufgelöst und vom Körper resorbiert werden. Bei anderen Arten kann »unerwünschtes« Sperma wieder ausgestoßen werden. Manche Tier-Mütter fressen ihre Jungen auf, wenn die Umstände für deren Aufzucht ungünstig sind.

Wobei »ungünstige Umstände« nicht zwangsläufig nur Nahrungsmangel oder schlechte Wetterverhältnisse bedeuten muß. Auch Streß – etwa durch Überbevölkerung – kann zu Unfruchtbarkeit oder Kindestötung führen. Und immer wieder kommt es bei – angeblich so gut versorgten und gefahrlos lebenden – Zootieren zur Tötung oder zur Vernachlässigung des Nachwuchses – einfach weil die Umweltbedingungen nicht stimmen.

Alle diese Tatsachen sollten zu denken geben, wenn nach den Ursachen des »rätselhaften« Geburtenrückgangs in den Industriestaaten gefragt wird. Manche Gründe für die schwindende »Sehnsucht nach dem Kind« lassen sich gegebenenfalls mit »vergleichender Verhaltensforschung« erhellen – und vielleicht auch die Ursachen dafür, warum den Frauen heute langsam, aber sicher die Mutterliebe abhanden zu kommen scheint.

lichen, seelischen und geistigen Entwicklung schwer gestört und zurückgeblieben, zeigten Bewegungsstereotypien und litten unter Angstzuständen. Bemerkenswertes Detail am Rande: Wenn man ihnen die Möglichkeit bot, zwischen einer

»kalten« Drahtmutter mit Fläschen und einem mit weichem Stoff überzogenen Gestell ohne Nahrungsquelle zu wählen, klammerten sich die Affenbabys an die »weiche Mutter«, obwohl sie dort hungern mußten. Auch nachdem sie herangewachsen waren, zeigten die Tiere schwere Verhaltensanomalien, reagierten übertrieben ängstlich oder aggressiv. Sie konnten keine normalen sozialen Beziehungen eingehen, jene Weibchen, die sich dennoch paarten, vernachlässigten ihren Nachwuchs – oder mißhandelten ihre Kinder sogar.

Ein Mangel an mütterlicher Zuwendung kann verheerende Folgen zeitigen. Besonders drastisch illustriert wird diese Tatsache auch durch ein berühmtes historisches – und sehr grausames – Experiment: Der Stauferkaiser Friedrich II. ließ im 13. Jahrhundert Kinder ohne jede Zuwendung und Ansprache aufziehen, um die »Ursprache« der Menschheit zu finden. Die menschlichen »Versuchskaninchen« starben.

Und ein tragisches Beispiel aus jüngster Zeit bilden die bereits erwähnten, in Heime abgeschobenen Kleinkinder in Rumänien. Kinder brauchen Nahrung, Liebe, Geborgenheit – die »Mutter« ist während ihrer ersten Lebensjahre der Inbegriff all dessen. Die völlige Abhängigkeit des Kleinkindes von seiner Mutter erzeugt aber auch Angst und Aggression – es will seine Ansprüche durchsetzen und muß doch gleichzeitig fürchten, verlassen zu werden. Und zwei Seelen wohnen auch in der Mutterbrust: Einerseits ist das Kind der geliebte Mittelpunkt des Lebens, andererseits fordert es – manchmal sogar Unmenschliches.

Die Balance zwischen all diesen widersprüchlichen Ansprüchen und Gefühlen muß jeden Tag neu gefunden werden – daß das längst nicht immer gelingt, zeigt die hohe Zahl an Menschen mit psychischen Problemen.

Besonders deutlich tritt die Ambivalenz der Mutter-Kind-Beziehung im Phänomen der »postnatalen Depression« zutage. Rund 60 Prozent der jungen Mütter leiden einige Tage nach

der Geburt am »Baby-Blues« – anstatt sich über ihr Kind zu freuen, sind sie den Tränen nahe. Meist endet die »Heulphase« nach einigen Tagen, doch bei rund einem Fünftel der betroffenen Frauen kommt es zu einer regelrechten Depression, die über Wochen und Monate anhalten kann. Bei einer bis zwei von 1000 jungen Müttern steigert sich die seelische Verstimmung sogar zu einer »Stillpsychose«.
Einerseits wird das nachgeburtliche Gefühlstief durch die hormonelle Umstellung nach der Entbindung hervorgerufen, ist also körperlich bedingt. Doch auch das psychosoziale Klima, in dem die junge Mutter lebt, spielt eine Rolle.

Der Geruch der Mutter

Nicht nur Blut mag dicker als Wasser sein, auch Fruchtwasser verbindet. Wie US-Wissenschafter an der Vanderbilt-Universität in Nashville feststellten, erkennen Neugeborene den Geruch des Fruchtwassers, in dem sie die Monate ihrer Entwicklung im Mutterleib verbrachten, wieder. Kinder, denen ein mit dem Fruchtwasser ihrer Mutter getränktes Tuch ins Bettchen gelegt wurde, weinten viermal weniger als Babys ohne »Muttertuch« und zweimal weniger als Babys, die mit einem Tuch mit dem Geruch der Mutterbrust beruhigt werden sollten. Die Forscher meinen, der Geruch des Fruchtwassers vermittle den Kindern, daß sie sich noch im Mutterleib befänden. Der Geruch der Mutterbrust wirke dagegen für sie nicht nur beruhigend, sondern auch frustrierend, weil sie die so gut duftende Brust nicht finden könnten. Der »Fruchtwasserduft-Effekt« soll in Zukunft eingesetzt werden, um Streß bei Neu- und Frühgeborenen – etwa bei Untersuchungen – zu mindern. Auf alle Fälle zeigt dieses Forschungsergebnis, wie eng die Beziehung zwischen Mutter und Kind ist – und wieviel ein Kind im Mutterleib bereits wahrnehmen kann.

Wobei nicht nur die materiellen Lebensumstände dafür verantwortlich sein müssen: das Gefühl der Überforderung, des »Sich-dem Baby-nicht-gewachsen-Fühlens« übermannt auch Frauen, die eigentlich allen Grund hätten, sich über ihr Baby zu freuen.

Mutterliebe – Mutterhaß

Frauen, die an postnatalen Depressionen leiden, werden meist noch zusätzlich vom schlechten Gewissen geplagt: Warum können sie sich nicht wie jede »normale« Mutter über ihr Baby freuen? Warum versagen sie schon in den allerersten Tagen nach der Geburt, statt begeistert und frohgemut ihre neue Identität als Mutter zu genießen?
In der Tat liegen oft Welten zwischen den Vorstellungen von der Mutterschaft und dem tatsächlichen Alltag mit einem Baby. »Irgendwie habe ich das Gefühl, mir fällt die Decke auf den Kopf. Ich liebe meinen kleinen Sohn, aber dieses Rund-um-die-Uhr-gefordert-Sein macht mich krank!« Was Ursula V. ausspricht, denken viele junge Mütter. In Frauen- und Eltern-Zeitschriften spielt das Thema »Sich trotz Kind das Eigenleben bewahren« eine zentrale Rolle, und Psycho- und Soziologen warnen immer wieder vor allzu romantischen Erwartungen in Sachen »Mutterschaft«. Doch das ist leichter gesagt als getan.
»90 Prozent der Österreicher schlagen ihre Kinder« titelten die Zeitungen im April 1998. Bei genauer Analyse ergab das Datenmaterial zwar weniger dramatische Werte, doch nach der Untersuchung aus dem Jahr 1990 gaben immerhin 27 Prozent der Mütter zu, ihre Kinder zu schlagen. 29 Prozent gestanden psychische Mißhandlungen. Und immerhin 61 Prozent der Mütter gaben zu, ihre Kinder zumindest ab und zu zu ohrfeigen. Zum Vergleich: Die Väter schlagen noch öfter zu. Die »g'sunde Watschen« hat nach wie vor Saison, obwohl die Züchtigung durch die Eltern bereits 1989 gesetzlich unter Strafe gestellt wurde.

Doch nicht nur bei älteren Kindern rutscht Vätern und Müttern »die Hand aus«, immer wieder werden auch spektakuläre Mißhandlungen von Kleinkindern publik. Und es sind keineswegs immer die Väter, die zuschlagen, mit heißem Wasser verbrühen oder das Kind so schütteln, daß es Gehirnverletzungen erleidet. In etlichen Kliniken wurden eigene »Schrei-Ambulanzen« eingerichtet, um gestreßten Eltern Hilfen zu bieten, wenn sie mit ihrem Baby nicht zu Rande kommen.
Ärzte sind es denn auch meist, die die schlimmsten Mißhandlungsfälle ent- und aufdecken. Und manchmal nimmt das Mutter-Kind-Verhältnis sogar gespenstische Formen an: Im Herbst 1987 schockierte der britische Kinderarzt David Southhall die Öffentlichkeit, als er Videoaufnahmen vorlegte, die zeigten, wie Eltern – auch Mütter – ihre in der Klinik stationär aufgenommenen Kinder mißhandelten. Die Kleinen waren wegen Verletzungen und Erkrankungen in Spitalspflege, wenn die Eltern sich im Krankenzimmer unbeobachtet glaubten, schlugen sie zu, preßten dem Kind ein Kissen aufs Gesicht oder fügten ihm anderwärtig Schmerzen zu. Das Krankenhauspersonal selbst konnte anfangs nicht glauben, was es da sah, doch die Videoaufzeichnungen waren eindeutig.
»Münchhausen-Stellvertreter-Syndrom« nennt die Psychologie diese Form von psychischer Devianz. Beim Münchhausen-Syndrom verletzt sich der psychisch Kranke selbst heimlich, um Aufmerksamkeit zu erregen, fügt sich Schnittwunden zu, verschluckt gefährliche Gegenstände oder nimmt Medikamente ein. Beim Münchhausen-Stellvertreter-Syndrom wird das Kind verletzt und krank gemacht, die Mitleidsbekundungen der Mitmenschen sollen die psychischen Defizite der Eltern mindern.
Noch ein weiterer spektakulärer Fall von Münchhausen-Stellvertreter-Syndrom wurde 1997 bekannt. Eine Mutter hatte ihre Tochter jahrelang so manipuliert, daß die Ärzte annehmen mußten, das Mädchen hätte eine Reihe schwerster Erkrankun-

gen. Die Mutter hatte dem Kind sogar Kot durch eine Magensonde eingegeben, um Vergiftungen hervorzurufen.
Solche Extremfälle sind zum Glück selten und dürfen nicht verallgemeinert werden. Doch sie sind gewissermaßen »die Spitze des Eisberges« bei der sehr häufig durchaus problematischen Mutter-Kind-Beziehung.

Mutter versus Kind – Kampf im Mutterleib
Daß Mutter und Kind nicht nur eine Einheit bilden, sondern auch massiv gegensätzliche Interessen haben, zeigen jüngste evolutionsbiologische Forschungen. So wird etwa die »Schwangerendiabetes« auf den Konflikt Mutter – Fetus zurückgeführt. Einfach ausgedrückt: Selbstverständlich hat die Mutter Interesse daran, ein gesundes, kräftiges Kind zur Welt zu bringen, aber sie will natürlich auch die eigenen körperlichen Ressourcen schützen. Der Fetus wiederum will möglichst viele dieser Ressourcen für sich nützen. Das Kind im Mutterleib produziert deshalb das Hormon HPL, welches die Insulinausschüttung der Mutter hemmt. So steigt der Glucosespiegel im Blut der werdenden Mutter an – das Ungeborene profitiert davon, indem auch ihm mehr Glucose zur Verfügung steht. Prinzipiell produziert jeder menschliche Organismus HPL, doch bedingt durch die Hormonausschüttungen des Fetus kann der Spiegel im Blut von Schwangeren um das Tausendfache erhöht sein. Weist die Mutter ohnehin Probleme mit der Insulinproduktion auf, kann bei ihr dadurch eine Zuckerkrankheit ausgelöst werden – die typische Schwangerschaftsdiabetes.

Wenn die Mutter mit der Tochter – konkurriert

»Als ich so 17, 18 war, habe ich plötzlich doch ein Faible für Kleider, Kosmetik und so entwickelt. Davor war ich eher burschikos, aber da hatte ich eben so eine narzistische Phase, eigentlich kein Wunder in dem Alter. Ich bin zum Friseur gegangen, habe mir tolle Schuhe gekauft und so ein Spitzenkleid – damals war gerade die Glitter-Mode in. Das Geld habe ich mir vom Mund abgespart, und geschminkt habe ich mich auch ganz wild, wenn ich am Samstag abends weggegangen bin. Das Verhältnis zu meiner Mutter war da besonders schlecht. Ich habe bei ihr eigentlich einen regelrechten Haß gefühlt. Sie hat mich geschlagen, geohrfeigt, wegen irgendwelcher Nichtigkeiten. ›Ich halte dich einfach nicht aus!‹ hat sie gebrüllt, und heute weiß ich, daß wirklich Verzweiflung aus ihr gesprochen hat. Sie war gerade um die 40, heute bin ich in dem Alter und merke, wie die Jugend zu vergehen beginnt. Die ersten echten Falten, die Haut ist trocken, auch wenn man was weiß ich alles draufschmiert. Meine Mutter war nicht stolz auf ihre junge, eigentlich ganz hübsche Tochter, sie war eifersüchtig und voll Neid. Vielleicht wäre ich auch so gewesen an ihrer Stelle, aber ich habe ja keine Kinder.«

Brigitte V., Ärztin

Tolle Töchter, ebenso tolle und stolze Mütter – so will es das Klischee. Doch Mütter können auch durchaus ambivalente Gefühle für ihre Töchter haben – weil die eben ein paar Jahrzehnte später zur Welt kamen. Und gerade dann aufblühen, wenn ihre Mütter langsam, aber sicher am Verblühen sind.
Und auch die Töchter sind nicht immer gut auf ihre Mütter zu sprechen: Weil sie schon als kleine Mädchen – manchmal – ei-

fersüchtig auf die Mutter sind, weil sie später – oder am besten gleich – den Papa heiraten wollen.
Eine besonders dramatische Form erreicht das Konkurrenzverhältnis Mutter – Tochter in jenen tragischen Fällen, wo der Vater sich an seiner Tochter vergreift. Ob sich das Verbrechen »Inzest« in den letzten Jahren häuft oder ob nur mehr Fälle an die Öffentlichkeit gelangen, ist ungeklärt. Tatsache ist, daß die Mütter nur in den seltensten Fällen die Initiative ergreifen, um ihre Töchter zu schützen. Die meisten geben an, sie hätten »nichts bemerkt«. Die wenigen anderen, sie hätten »aus Angst vor dem Vater« geschwiegen.
Beide Aussagen muten seltsam an: Wie gestört muß das Verhältnis Mutter – Tochter bereits sein, wenn sich die Tochter ihrer Mutter nicht anvertrauen kann. Wie unfähig muß eine Frau sein, wenn sie sich – in der heutigen Zeit mit ihren vielfältigen öffentlichen Hilfsangeboten – einem vergewaltigenden Ehemann nicht entgegenstellen kann.
In beiden Fällen scheint die Beziehung der Mutter zu ihrem Kind nicht von Liebe, sondern von Haß geprägt zu sein: Haß auf die Tochter, die den Mann so erregt, daß er sie seiner Ehefrau vorzieht.

Stammhalter, Steuerzahler, Liebesbeweis

Das instrumentalisierte Kind

Es gibt nicht nur viele Gründe, kinderlos zu bleiben, sondern auch zumindest ebenso viele, ein Kind zu bekommen. Ein Kind kann als die Krönung der Liebe verstanden werden, als logischer und sichtbarer Ausdruck einer lebendigen, erfüllenden Beziehung – so wird uns die Mutterschaft zumindest in der romantischen Tradition des westlichen Kulturkreises präsentiert.

Es kann aber auch – weit profaner – als Stammhalter und Erbe des Familienvermögens erwartet werden. Schließlich darf der Name nicht aussterben. Gegebenenfalls sind Kinder – etwa in Agrargesellschaften – auch als zusätzliche Arbeitskräfte oder – in Ländern ohne ausreichendes Sozialsystem – als Altersversorgung – erwünscht. In manchen Kulturen wurde und wird das Kind auch in mystischer Hinsicht als »Fortsetzung« der Familie gesehen – damit die Ahnen nicht vergessen werden und aufhören zu existieren, müssen ihre Kinder, Enkel und Urenkel die Erinnerung an sie wachhalten.

Nüchtern gesehen werden Kinder – zumindest weltweit betrachtet – jedenfalls selten um ihrer selbst willen geboren.

Ein Kind als »Unterpfand der Liebe«?

Wenn zwei sich lieben, kommt auch bald ein Kind – so war's zumindest früher. Und manchmal kam das Kind auch, wenn nur einer der beiden liebte. »Die hat ihn ganz schön hineingelegt!« hieß es, wenn geheiratet werden mußte, weil ein Baby

unterwegs war, und der Kindesvater eigentlich noch gar nicht unter die Haube wollte.
Heute muß im Fall einer Schwangerschaft nicht mehr zwangsläufig geheiratet werden, die gesellschaftlichen Konventionen haben sich gelockert. Immer häufiger wird – wenn überhaupt – sogar erst Jahre nach der Geburt des Kindes geheiratet. Dennoch wird auch heute gegebenenfalls ein Kind als Druckmittel eingesetzt, um einen widerstrebenden Liebhaber vor den Traualtar zu locken. Man denke nur an den Musiker Hans Hölzel, der als »Falco« und bislang einziger Österreicher weltweit die Hitparaden stürmte: Er heiratete 1988 Isabella, nachdem Tochter Katharina Bianca 1986 geboren worden war. Daß das Mädchen gar nicht sein Kind war, erfuhr er erst 1993. Doch Falco befand sich in guter Gesellschaft: immerhin sind weltweit 5 bis 10 Prozent aller Kinder das Ergebnis eines Seitensprungs der Mutter.
Manchmal soll ein Kind allerdings nicht die Legalisierung einer Beziehung herbeiführen, sondern als Kitt für ebendiese dienen. »Wir hatten eine große Krise, Michael und ich. In den zwölf Jahren, die wir zusammen waren, hat es ja immer wieder gekriselt«, berichtet Martina W. »Schließlich haben wir uns wieder besser verstanden, es war direkt wie ein zweiter Frühling. Ich hatte es gar nicht beabsichtigt, aber ich bin wieder schwanger geworden. Er wollte das Baby auch. Dennoch haben wir uns kurz nach der Geburt endgültig getrennt. Die Zeit davor war besonders schlimm, er hat nur an mir und dem Kind herumgenörgelt. Das Baby hat auch besonders viel geweint, vielleicht hat es die Spannungen gespürt.«
Daß ein Baby einer zerbrechenden Beziehung neuen Halt geben könnte, ist ein weitverbreiteter Irrglaube – Psychologen und Partnerschaftsberater warnen davor, denn das Kind belastet das ohnehin problematische Verhältnis der Eltern erneut. Selbst bei Paaren, die ein Herz und ein Sinn sind, kann ein Baby zu Verstimmungen führen. Durchwachte Nächte, die nach

der Geburt körperlich und seelisch noch nicht wieder fitte Mutter, die vom Kind vorgegebene Alltagsroutine, der sich vernachlässigt fühlende Vater – all das gibt eine brisante Mischung. Und treibt die Risse in einer ohnehin labilen Partnerschaft in der Regel noch voran.

Kinder gegen Einsamkeit

Ein Argument, das kinderlose Frauen – und auch Männer – immer wieder zu hören bekommen, ist die Warnung: »Im Alter wirst du erst merken, was dir fehlt. Dann wirst du einsam sein!« Wer so argumentiert, vergißt die unzähligen Alten, die trotz einer oft recht beträchtlichen Kinderschar vereinsamt in ihren Wohnungen oder im Pensionisten- oder Pflegeheim hocken und vergeblich auf Besuch hoffen. Sicher, wer keine Kinder hat, bekommt auch keinen Besuch, aber er wartet erst gar nicht darauf.
Doch nicht nur die Einsamkeit im Alter sollen Kinder verhindern. »Ich war damals beinahe 30, und irgendwie habe ich nicht gewußt, wie es weitergehen soll, beruflich und privat. Ich hatte nie Glück mit Männern und mit dem Vater von Melanie hatte ich nur eine ganz kurze Affäre. Ich habe im Grunde gewußt, das er sich gar nicht wirklich für mich interessiert. Ich bin überraschend schwanger geworden. Aber vielleicht habe ich es auch provoziert. Jedenfalls wurde ich ganz und gar alleinerziehende Mutter. Es war alles sehr schwierig, aber Markus hat meinem Leben einen Sinn gegeben«, berichtet Irmgard R., die bis heute mit ihrem mittlerweile zwölfjährigen Sohn allein lebt. »Sicher, meine Freundinnen machen sich manchmal regelrecht Sorgen, daß sich mein ganzes Leben eigentlich nur um meinen Sohn dreht – der müsse gewissermaßen den Mann im Haus ersetzten und wirkt schon jetzt manchmal überfordert. Irgendwie haben sie recht, aber wie sollte ich mich sonst verhalten?«
Es ist immer schwer, die Balance zu finden zwischen Zunei-

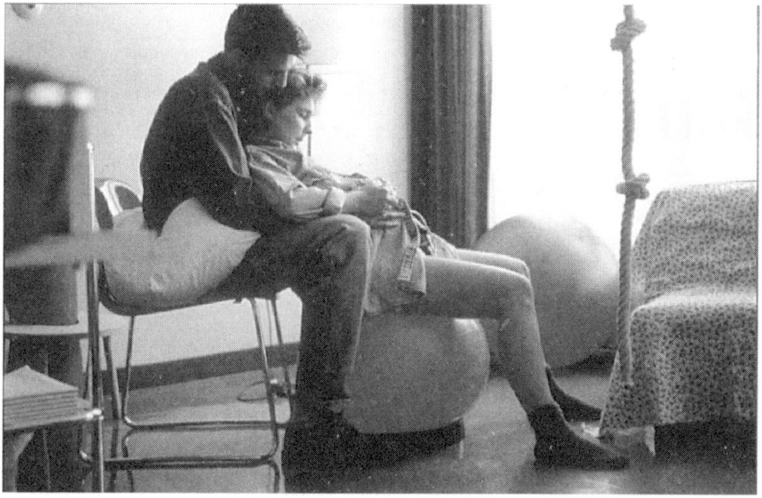

Schwangerschaft und Geburt als einmaliges Erlebnis: So wollen es heute viele Paare. Nicht zuletzt auch deshalb, weil es oft bei einem Kind bleibt.

gung und Loslassen, zwischen dem Pflegen einer engen Beziehung und der Notwendigkeit, sich und dem Kind ein eigenes Leben zuzugestehen. Alleinerziehende Mütter haben es da oft besonders schwer, das rechte Maß zu finden – aber nicht nur sie.

Kinder vermitteln das Gefühl, gebraucht zu werden, nicht umsonst zu leben. Daß sie selbst mitunter mit der »Opferhaltung« ihrer Mütter – oder auch Väter – weniger gut zu Rande kommen, ist eine Tatsache. Die Grenze zwischen Geborgenheit und Gefangenschaft ist schmal – und wird von Eltern und Kindern häufig unterschiedlich definiert. Eine Garantie, der Einsamkeit zu entfliehen, ist ein Kind jedenfalls keine.

In früheren Zeiten mußten Frauen Kinder bekommen, um sich eine angemessene gesellschaftliche Stellung sichern zu können. Heute müssen sie das auch. Die Frau von heute sieht gut aus, macht Karriere, hat einen Ehemann, zumindest einen Liebhaber – und selbstverständlich und nebenbei auch noch ein Kind.

Doch nicht nur Karrierefrauen erleben die Geburt eines Kindes als willkommene Ergänzung des eigenen Daseins. »Laura war kein geplantes Kind, ich bin mit ihrem Vater heute nur in sehr lockerem Kontakt. Aber ich bin froh, sie doch bekommen zu haben. Ich habe jedenfalls nicht das Gefühl, etwas versäumt zu haben!« sagt Birgit F. Ihren Lebensunterhalt muß sie mit Taxi-Fahren verdienen, nach der Matura hat sie ein Studium begonnen, es aber nicht beendet.

»Nichts versäumen zu wollen«, das ist eine Überlegung, die »Frau« schon ankommen kann. Und einiges spricht für die Annahme, daß sie durchaus als Motiv für die Entscheidung zur Mutterschaft dienen kann. Schließlich nimmt in den westlichen Industriestaaten nicht nur die Kinderzahl ab – sondern auch die Zahl der Einzelkinder zu. »Three little kids for the flavour« hieß es in einem Dean-Martin-Song der 60er Jahre, heute reicht offenbar ein Kind für die Süße des Lebens.

Das »Erlebniskind« könnte man es nennen – denn Schwangerschaft, Geburt und Aufwachsen – und manchmal sogar die Zeugung – werden ganz bewußt gestaltet und erlebt. Wie Untersuchungen zeigten, wünschen sich Frauen – und auch Männer – interessanterweise vor dem ersten Kind mehr Nachwuchs. Tatsächlich bleibt es dann häufig doch beim »Einzelkind«.

Noch in den 60er Jahren war »ein Kind« in der öffentlichen Meinung zuwenig – die negativen Auswirkungen des Fehlens von Geschwistern wurden heftig diskutiert. Einzelkinder würden zu Egoismus neigen, sie würden nicht zu teilen lernen, die

Eltern würden sie zu sehr verwöhnen – so lauteten die am häufigsten geäußerten Kritikpunkte. Mittlerweile hat man sich an den Status quo gewöhnt – besser ein Kind als gar keins, lautet heute die Devise.

Doch warum vergeht so vielen Frauen nach dem ersten Kind die Lust auf weiteren Nachwuchs? Ist der Alltag als Mutter wirklich so stressig, daß man sich »das alles nicht nochmals antun möchte«? Oder bietet die Mutterschaft doch nicht jene universelle Befriedigung, die sich Frauen erwarten? Oder bietet sie gerade ebendiese Befriedigung und ist der Kinderwunsch nach nur einem Kind bleibend gestillt?

Bleibt's bei einem Kind, weil die Belastungen der Mutterschaft doch als zu gravierend erlebt werden? Oder genügt ein Kind, um den »Pflegetrieb« zufriedenzustellen?

Zu wenige Kinder – oder zu viele »Alte«?

Warum sich eine Frau entscheidet, ein Kind zu bekommen, kann viele Ursachen haben – und letztendlich ist es ihre Privatsache. Dennoch ist die Diskussion um sinkende Geburtenraten heute omnipräsent: »Schade, keine Drillinge!« titelt da zum Beispiel eine deutsche Versicherungsgesellschaft eine Printanzeige. Im weiteren ist zu erfahren, daß um 2030 100 erwerbsfähige Deutsche bereits 55 Pensionisten werden erhalten müssen – heute sind's erst 24. Ist derzeit jeder fünfte Deutsche über 60, wird's dann jeder dritte sein. Und nicht nur das Pensionssystem kommt dadurch ins Wanken, sondern auch die Krankenversicherung: Im statistischen Durchschnitt kostet ein 70jähriger bei Medikamentenverbrauch und Spitalsbehandlung zehnmal soviel wie ein 30jähriger.

Daß es immer mehr alte Menschen gibt und geben wird, liegt aber letztendlich nicht nur an sinkenden Geburtenzahlen, sondern auch an der immer höheren Lebenserwartung: Noch Ende des vorigen Jahrhunderts betrug die durchschnittliche Le-

benserwartung nur 35 Jahre, 1950 lag sie bei 65 Jahren, heute beträgt sie bei Männern rund 75, bei Frauen 80 Jahre.
Die Alten werden immer älter, der Nachwuchs stagniert. Vor diesem Hintergrund scheint es verständlich, daß etwa die Wiener Vizebürgermeisterin Grete Laska für fünf Millionen Schilling eine »Mutterschaftskampagne« starten will. Die Investition soll dafür sorgen, daß Wienerinnen statt wie derzeit im statistischen Durchschnitt 1,2 zumindest 2 Kinder zur Welt bringen. Die grüne Rathausopposition hält dagegen, daß gerade für Kinder unter drei Jahren viel zu wenige Betreuungsplätze vorhanden sind – mit dem »Mutterschafts«-Werbebudget könnten tausend neue Plätze geschaffen werden. Ob allerdings Betreuungsplätze als Motivation für mehr Nachwuchs ausreichen, bleibt dahingestellt.

Nicht gut genug für ein Kind?

Die schwierigen Fragen rund um die Vererbung

»Bestimmt ist der Kinderwunsch bei mir nicht so stark wie bei anderen Frauen. Aber die paar Mal, wo ich geglaubt habe, schwanger zu sein, habe ich mich immer sehr gefreut. Doch zu einer bewußten Zeugung konnte ich mich nie durchringen. Das hat natürlich verschiedene Ursachen. Eine wirklich wesentliche ist, daß ich glaube, daß meine Gene nicht so wichtig sind, daß sie unbedingt vererbt werden müssen. Das hat gar nichts mit Komplexen zu tun. Ich weiß, daß ich auch viele gute Seiten habe – und mein Mann auch. Aber ich habe auf Grund einer angeborenen Hormonstörung eigentlich sehr schlechte Haut. Seit rund zehn Jahren nehme ich eine spezielle Anti-Baby-Pille, die bewirkt, daß die Akne nicht ausbricht. Aber wenn ich die Pille absetzen würde, wäre es gleich ganz schlimm. Bis zu dem Zeitpunkt, zu dem ich die Pille verschrieben bekam, habe ich wirklich sehr unter meiner kranken Haut gelitten. Ich mußte mich oft zwingen, aus dem Haus zu gehen, auch bei beruflichen Kontakten hat mich das sehr belastet. Außerdem leide ich unter mehreren Allergien und habe auch eine Kieferanomalie. Das ist reguliert worden, deshalb sieht man von außen nichts. Auch sonst bin ich körperlich nicht wirklich toll beisammen, und auch psychisch bin ich eher instabil. Ich

habe mein Leben zwar eigentlich gut im Griff, aber leide doch häufig unter depressiven Verstimmungen. Es ist sehr wahrscheinlich, daß ich diese körperlichen und psychischen Defekte an mein Kind weitergeben würde, und das möchte ich ihm ersparen. Ich weiß, daß es tabu ist, über solche Sachen zu reden, man gerät da gleich in Verdacht, eine biologistische oder gar faschistoide Weltanschauung zu haben. Aber ich spreche ja niemandem anderen ab, sich fortpflanzen zu dürfen, ich verzichte nur selbst darauf.«

Martina H., Lehrerin

Es mag schon sein, daß sich doch individuelle Minderwertigkeitskomplexe hinter den Erklärungen von Martina H. verbergen. Andererseits spricht aus ihren Worten auch Verantwortungsbewußtsein, sie fühlt sich nicht wohl in ihrer Haut und möchte ihrem Kind ihre eigenen Gesundheits- und seelischen Probleme ersparen.

Auch wenn es nicht gerade sympathisch klingt: Äußerlichkeiten, Aussehen, körperliche Attraktivität bestimmen sehr wohl unser Leben. Das erfährt jeder am eigenen Leib, davon lebt nicht nur eine, sondern gleich mehrere Industrien. Und diese Tatsache ist auch wissenschaftlich belegt. »Mit Schuppen gibt's nur schnellen Sex – und dann noch ohne Orgasmus« titelte die deutsche »Medical Tribune« im Juni 1998. Dermatologen an der Universität Gießen haben das Sexualverhalten von Personen mit Hautkrankheiten und das von Hautgesunden verglichen. Das ernüchternde, aber nicht wirklich überraschende Ergebnis: Entstellende Hautkrankheiten gehen mit einer Vermeidung von Körperkontakt einher. Von Hautkrankheiten Betroffene verhalten sich gehemmt, gleichzeitig machen sie aber auch die Erfahrung, daß man ihnen ausweicht. »Hautkranke Frauen erleben signifikant weniger Orgasmen als gesunde Frauen«, konstatieren die Wissenschafter. Und die

25 000 Jahre altes Ideal der Weiblichkeit: die Venus von Willendorf, der Steinzeitschatz des Wiener Naturhistorischen Museums. Heute stehen Fruchtbarkeitsgöttinnen nicht gerade hoch im Kurs – und auch der Begriff von »weiblicher Schönheit« hat sich gründlich gewandelt.

Überzeile des Artikels bringt das Defizit der Betroffenen klar auf den Punkt: »Kranke Haut wird kaum gestreichelt.«
Körperliche Schönheit ist nicht von ungefähr seit jeher ein begehrtes Gut. In unseren »modern times« zeigt der Drang danach allerdings eine bisher nicht gekannte Ausformung: Gerade Frauen werden heute von einem Perfektionswahn beherrscht, der immer skurrilere Formen annimmt – und sich gegebenenfalls nicht nur aufs eigene Ich, sondern auch auf den Nachwuchs erstreckt.

Auf dem Weg zur genetischen Perfektion

Die meisten werdenden Mütter durchleben während der Schwangerschaft Phasen, wo sie sich besonders um die gesunde Entwicklung ihres Babys sorgen. Ärzte, Hebammen und andere in der Schwangerenberatung Tätige werden immer wieder mit Anfragen konfrontiert, die eine »genetische Untersuchung« des Fetus betreffen. Solche Untersuchungen sind möglich, derzeit können aber nur einige wenige genetische Defekte festgestellt werden – so ist es zum Beispiel möglich, das Down-Syndrom (Mongolismus) zu diagnostizieren.
Der Grund für die noch eingeschränkten Diagnose-Möglichkeiten liegt einfach in der Komplexität des menschlichen Genoms, ein Gesamtscreening ist – noch – nicht möglich, und auch wenn nach bestimmten, bereits analysierten Abweichungen gesucht wird, ist das in der Regel ein sehr komplizierter und nach wie vor zeitaufwendiger Vorgang. Doch gerade hier werden rasante Fortschritte gemacht – und Kritiker fürchten, daß der »gläserne« Mensch in wenigen Jahren bereits Realität sein wird.
Schon heute machen die noch sehr eingeschränkten Diagnosemöglichkeiten Probleme: Behindertenverbände klagen, daß Frauen, bei denen eine Behinderung ihres ungeborenen Kindes festgestellt wurde, zur Abtreibung gedrängt würden. Daß

Behinderte noch mehr als bisher stigmatisiert würden. Daß mit den Behinderungen auch die Behinderten selbst »bekämpft« würden.
Tatsächlich können die Möglichkeiten des Gen-Screenings zu einer neuen Form der Eugenik führen – der Schritt vom »nicht lebenswerten« zum »unwerten Leben« ist nur klein.
Sicher hat ein behinderter Mensch in vieler Hinsicht andere – vielleicht auch mehr – Probleme als ein sogenannter gesunder, doch die Frage ist, ob er nicht dennoch ein glückliches Leben führen kann. Durch die Abtreibung »erspart« man ihm vielleicht manches, man nimmt ihm aber mit Sicherheit alles.
Die Entscheidung für oder gegen ein behindertes Kind ist ungeheuer schwierig, sie wird individuell von den Müttern und Vätern getroffen. Aber sie wird auch durch gesellschaftliche Rahmenbedingungen bestimmt – und zwar von einer Gesellschaft, in der nur das Perfekte zählt, in der mit allen Mitteln versucht wird, einem Ideal zu genügen.
Auch dieses Ideal ist durch von der Gesellschaft aufgestellte Kriterien definiert: Stark, schön und reich muß der Mensch sein. Schon Kinder definieren sich heute über die Oberfläche, die »inneren Werte« spielen bestenfalls unter »ferner liefen« eine Rolle.
Und der Trend setzt sich fort: Die Zeiten, wo ein Kind nicht mehr abgetrieben wird, weil es »defekt« ist, sondern gleich mit Haut und Haar und Sicherheitskopie am Reißbrett »designed« wird, werfen bereits ihre Schatten voraus.

Das unheilige Experiment – Eugenik im Dritten Reich

Die Idee, »perfekten Nachwuchs« zu erzeugen, ist nicht neu – ebenso wie jene, »minderwertiges« Leben auszumerzen. In der Ideologie des Nationalsozialismus hatten beide Vorstellungen einen fixen und prominenten Platz. Als ideal galt der »Vollarier«, im besonderen der »nordische Mensch« – blond, blauäugig, athletisch, tatkräftig und opti-

mistisch. Daß die Führungsspitze des Dritten Reichs dem Ariderideal so gar nicht entsprach, war hinter vorgehaltener Hand Gegenstand von Witzen: Wie soll der echte Deutsche aussehen? Blond wie Hitler, stark wie Goebbels, keusch wie Röhm. Bekanntermaßen war Hitler alles andere als germanisch-blond, Goebbels war von schmächtiger Gestalt und hatte einen Klumpfuß und Röhm war homosexuell.
Nichtsdestoweniger gab es im Deutschen Reich der NSDAP massive Bemühungen, den »deutschen Menschen« gezielt heranzuzüchten. 1935 wurde von Heinrich Himmler der Verein »Lebensborn« begründet, mit dem Ziel, »den Kinderreichtum der SS zu unterstützen, jede Mutter guten Blutes zu schützen und zu betreuen, für hilfsbedürftige Mütter und Kinder guten Blutes zu sorgen«. Die Zeugung von »echten Ariern« sollte gefördert werden, ein Genpool sollte die Schaffung des »Übermenschen« ermöglichen. Hitler selbst stand der Idee erst skeptisch gegenüber, doch Himmler stellte ihm in Aussicht, daß aus den »Superkindern« eine Armee von 400 000 Soldaten werden könnte, deren spezielle Begabungen den Kampf um die Weltherrschaft zu Deutschlands Gunsten entscheiden könnten. Die Arbeit des Vereins wurde durch Zwangsbeiträge aller SS-Führer finanziert.
Für die »Lebensborn«-Idee wurden gezielt Kinder gezeugt – bis Kriegsende kamen in den Entbindungsheimen des Vereins rund 11 000 Mädchen und Jungen mit »besonders arischem« Erbgut zur Welt. Im Rahmen einer »Fahnenweihe«, die der christlichen Taufe nachempfunden war, wurden sie auf den nationalsozialistischen Geist eingeschworen.
Ab 1941 wurden in ganz Europa »arische« Kinder – darunter auch nur wenige Wochen alte Säuglinge – »gesammelt« und zur Erziehung in »Lebensborn«-Heime gebracht. In den von der Wehrmacht eroberten Ländern wurden besonders »arisch« aussehende Kinder ihren Eltern entzogen und in die Heime deportiert.

Und den im eroberten Norwegen stationierten deutschen Soldaten wurde sogar explizit befohlen, mit den dort lebenden Frauen Kinder zu zeugen und die Mütter dann zu überreden, diese in die »Lebensborn«-Heime zu geben. Die Logik hinter diesem Befehl: Weil die Norwegerinnen direkt von den sagenhaften Wikingern abstammen würden, müßten aus der Verbindung zwischen ihnen und den deutschen Männern besonders »arische« Kinder entstehen.
Doch auch die Produktion weniger »übermenschlicher« Kinder wurde gefördert: Überdurchschnittlich tüchtige Mütter wurden mit dem Mutterkreuz ausgezeichnet.
»Unwertes Leben« – verkörpert in Juden, geistig Behinderten, Zigeunern, Homosexuellen – wurde dagegen gezielt vernichtet: In den Konzentrationslagern wurden auch Tausende Säuglinge und Kleinkinder ermordet – und in etlichen belegten Fällen wurden an ihnen sogar furchtbare medizinische Versuche durchgeführt.

Die Diktatur der Oberfläche

Noch muß ja medizinisch nachgebessert werden, wenn Frau – oder auch Mann – meint, Mutter Natur hätte nicht sauber genug gearbeitet. Was das chirurgische Bodystyling betrifft, ist Europa zwar immer noch »Entwicklungsland«, doch die Welle schwappt langsam, aber sicher auch zu uns herüber. Silikon-Skandale gab's mittlerweile auch schon in Deutschland, und immerhin begeben sich bereits Österreicherinnen zur Nasenkorrektur oder zum Fettabsaugen nach Slowenien – weil's dort billiger ist.
Als Hildegard Knef sich liften ließ, war das noch eine Art Skandal, heute sprechen Schauspielerinnen und TV-Stars offen über ihre runderneuerten Kollagen-aufgespritzten Lippen.
Film, Fernsehen, Pop-Musik – das sind heute nun einmal die »geschmacksprägenden« Elemente – zeigen heute keine Charakterköpfe mehr und die dazugehörigen Körper, sondern

ausschließlich »beautiful people«. Daß häufig die plastische Chirurgie nachgeholfen hat, wird gar nicht mehr verschwiegen. In den letzten Jahren ist kaum mehr eine junge Schauspielerin zu sehen, die keine Nasen- und Brustkorrektur hinter sich hat. Daß schon vor dem ersten Termin mit dem Agenten einige tausend Dollar in Jacketkronen investiert werden müssen, ist schon länger Usus. Heute muß auch der Künstler mit dem Skalpell und den Silikonkissen ran.

Bei Frauen, die doch schon etwas länger im Geschäft sind, kann der aufmerksame Beobachter mitunter verblüffende Veränderungen feststellen: Vor ein paar Jahren hatte etwa Sharon Stone eine gar nicht so kleine und zarte Nase – von Cher ganz zu schweigen. Wer die Sexbomben früherer Jahrzehnte auf irgendeinem Nostalgiekanal zu Gesicht bekommt, kann überhaupt staunen: Mit einer Cellulitis, wie sie Jane Russell in »Blondinen bevorzugt« zeigt, könnte sie heute nicht einmal mehr auf einem Strumpfplakat posieren.

Selbstverständlich sind die Bilder der Medien nur schöner Schein, doch sie tun sehr wohl ihre Wirkung: In den USA stieg die Zahl der Brustvergrößerungen seit 1993 um 275 Prozent.

Frauen sehen ihren Körper heute kritischer denn je, Pflegeprodukte und Fitneßstudios haben Hochsaison und – wie oben erwähnt – auch die Hilfe der Zauberer der plastischen Chirurgie wird immer öfter in Anspruch genommen.

Und junge Mütter stehen unter besonderem Streß: Während der Schwangerschaft rundum zum Anbeißen und gleich nach der Geburt so wie ohne Kind in den besten Zeiten ...

Look of the Year: Nur nicht mütterlich

Jung, schön, schlank – nur so ist die Frau heute erwünscht. Auch wenn sie Kinder hat. »Der sieht man ihre Kinder gar nicht an!« ist eines der größten Komplimente, die man einer Mutter machen kann. Der Typus »mütterliche Frau« ist megaout. Und so wie es scheint, wird er auch keine Renaissance erleben.

Zwar ließ sich die Hollywood-Schauspielerin Demi Moore mit Baby-Bauch sogar auf der Titelseite von »People« abbilden – ein super PR-Gag für die damalige Bruce-Willis-Gattin und das Magazin. Doch einige Zeit später bewies sie mit Nahaufnahmen in ihrem Film-Flop »Striptease«, daß Schwangerschaft auch nur ein Wort ist. Keine Bindegewebsstreifen, keine Pigmentflecken, weder Speck- noch andere Fältchen. Und der Busen so wohlgeformt, als hätte ihn Michelangelo in Marmor gemeißelt.

Und auch wenn selbstverständlich alle wissen, daß Demi und ihre Kolleginnen Produkte der Traumfabrik und ihrer Chirurgen sind, so tun die »Superfrauen« doch ihre Wirkung. Sie setzen die Maßstäbe, an denen sich auch das »gemeine Fußvolk« mißt.

Frauen investieren weltweit wahre Vermögen in Diäthilfen, Enthaarungscremes, Spitzenunterwäsche, Make-up und Parfum, um sich den »Idealgestalten« anzupassen.

Inwieweit sich plastisch-drastische »Verschönerungen« auch organisch auswirken, wird noch diskutiert. Daß Silikonkissen zu schwersten Erkankungen führen können, ist mittlerweile erwiesen – erst vor kurzem hat sich der führende US-Silikonkonzern Dow Corning zu einer Milliardenzahlung an Hundertausende geschädigte Frauen durchgerungen.

Die betroffenen Frauen leiden nach der Implantation von Silikon-Brustkissen an verschiedenen – zum Teil gravierenden – Gesundheitsstörungen. Ungeklärt ist freilich, wie sich die Kunststoffkissen zum Beispiel während einer Schwangerschaft auf das Ungeborene und – speziell bei Brustimplantaten – auch aufs Stillen auswirken.

Doch darauf verzichten zumindest die Amerikanerinnen ohnehin häufig. Obwohl der Wert des Stillens – etwa für den Aufbau des Immunsystems des Babys – unbestritten ist und

auch die Weltgesundheitsorganisation in einer eigenen Kampagne das »breastfeeding« fördert, wird nach wie vor zu wenig und zu kurz gestillt. Und noch immer verzichten Frauen auf die »natürlichste« Ernährungsweise ihres Kindes, weil sie sich »nicht die Figur ruinieren wollen«.
Doch diese Haltung hat genaugenommen eine lange Tradition: Schon römische Bürgerinnen – und wahrscheinlich schon wohlhabende und mächtige Frauen Jahrhunderte vor ihnen – ließen ihre Kinder lieber von Ammen großziehen, als sich womöglich durchs Stillen einen Hängebusen einzuhandeln.

Reizwort »Vererbung«
Durch die grauenvollen Auswirkungen des Faschismus ist heute das Nachdenken über »Vererbung« so gut wie immer Sakrileg. Doch die wahnhafte »Rassenhygiene« der Faschisten sollte nicht verhindern, daß über unser genetisches Erbe reflektiert wird.
Wer auf Kinder verzichtet, weil er ihnen die eigenen körperlichen »Defekte« ersparen will, handelt vielleicht doch verantwortungsvoll.
Der Mensch nach Maß steht ohnehin schon vor der Tür: Schließlich wurde Mitte 1998 bereits die gelungene Klonierung von Mäusen bekanntgegeben. Der Schritt von der Maus zum Menschen ist relativ klein – die Fachleute sind sich einig, daß es nur mehr eine Frage der Zeit ist, bis menschliches Erbgut bewußt verändert werden wird – vielleicht passiert es in geheimen Forschunglabors eben jetzt.
Daß die Menschheit gentechnisch verändert werden muß, ist in der Zunft der Genetiker im übrigen ein offenes Geheimnis. »Durch die weitgehende Ausschaltung der natürlichen Auslese beim Menschen (durch die technischen und medizinischen Fortschritte) und der damit verbundenen Ansammlung ungünstiger Erbeigenschaften ist es, auf lange Sicht gesehen, unumgänglich, daß eine bewußte genetische

Hygiene an die Stelle der natürlichen Selektion treten muß«, steht unter dem Stichwort »Eugenik« in Meyers Universallexikon von 1981 zu lesen.

Es wird argumentiert, daß durch die Möglichkeiten der Medizin natürliche Evolution so gut wie nicht mehr stattfindet: In früheren Zeiten unterlag auch der Mensch der »natürlichen Auslese« – heute ist diese in der westlichen Zivilisation mit ihren medizinischen Möglichkeiten nahezu unterbunden. Mitglieder von Naturvölkern sind körperlich weit fitter als wir Zivilisationsmenschen – vor der Installierung der modernen Medizin reichte mitunter ein kleiner körperlicher Mangel aus, um den Tod herbeizuführen. Wir wachsen trotz Mittelohr- oder Blinddarmentzündungen heran und können uns auch mit – regulierten – Zahnfehlstellungen oder Kurzsichtigkeit fortpflanzen.

Bis vor kurzem konnte man unter »genetischer Hygiene« nur den Verzicht auf Nachwuchs verstehen – schon 1757 existierte etwa in Schweden ein Heiratsverbot für Epileptiker. Solche »eugenischen Maßnahmen« gab es auch im deutschsprachigen Raum bis in jüngste Vergangenheit: Auch bei uns wurden Behinderte – vor allem geistig Behinderte – oft zwangssterilisiert.

Heute sieht man das Recht auf Fortpflanzung als menschliches Grundrecht – das Eheverbot zwischen Verwandten direkter Linie, welches den Inzest betrifft und das damit verbundene erhöhte Risiko eines Gen-Defekts, mag als letzter Rest von staatlich verordneter »Erb-Hygiene« gelten.

In Zukunft bieten sich wahrscheinlich schon bald andere Möglichkeiten als ein »Ehe-« oder »Nachwuchsverbot«, da könnten »Defekte« aller Art gentechnisch »geheilt« werden. Was früher die »natürliche Auslese« erreicht hat oder Verbote »von oben« bewerkstelligen wollten, sollen in Zukunft die Gen-Ingenieure leisten – die Verbesserung der menschlichen Rasse. Wobei der Begriff Verbesserung vieles bedeuten kann.

Scheidungswaise: die »Kinderlosen« der Zukunft?

Von Familien, Lebensabschnittgemeinschaften und Alleinerziehenden

In den 60er Jahren wurde die Institution »Familie« erstmals generell in Frage gestellt. Erst hatte nur eine intellektuelle Avantgarde, dann auch ein breiterer Kreis die Familie kritisiert, das Zusammenleben von Eltern, Kindern und eventuell noch anderen engen Verwandten. Die Familie war nicht länger mehr der Ort der Geborgenheit und des Zusammenhalts, sondern das Instrument der Unterdrückung, der Einschränkung der persönlichen Freiheit.

Vor allem Frauen wurden als Opfer der patriarchalischen Erfindung »Familie« gesehen: Eingesponnen im sozialen Netz zwischen Kirche, Küche, Kindern, ohne Chance auf Selbständigkeit und Selbstverwirklichung.

Neue Lebensformen wurden erprobt: Wohngemeinschaften, Kommunen.

Moderne, auf freier Entscheidung basiernde Gemeinschaften sollten die alte, überkommene Zwanggemeinschaft »Familie« ersetzen. Mit viel Idealismus wurde vieles begonnen, doch die »menschliche Natur« oder doch zumindest das, was die »äußeren Umstände« der westlichen Zivilisation aus ihr gemacht hatten, sorgte dafür, daß die Experimente nicht von Dauer waren. Eine »neue und ideale« Lebensform konnte nicht entwickelt werden, dennoch blieb in Sachen »Familie« kein Stein auf dem anderen.

Ist die Ehe am Ende?

Liz Taylor hat insgesamt achtmal geheiratet, aber was ist das schon gegen Linda Lou Essex, die mit 22 Eheschließungen ins Buch der Rekorde kam. Doch solche Hochleistungen können nicht darüber hinwegtäuschen, daß sich die Ehe insgesamt betrachtet auf dem absteigenden Ast befindet: Heirateten in Deutschland 1950 noch mehr als 750 000 Paare, so waren es 1996 gerade noch 430 000. In Österreich hat sich die Zahl der Eheschließungen seit 1988 halbiert. Allein von 1996 auf 1997 sank die Zahl der Paare, die in den heiligen Stand der Ehe traten, um weitere 1 000 auf 41 217. Und in dem Maß, in dem die Eheschließungen abnehmen, steigen die Scheidungen: 1961 endete in Österreich jede zehnte, 1997 jede dritte bis vierte Ehe vor dem Scheidungsrichter. In Deutschland hat sich die Zahl der Scheidungen seit Anfang der 60er Jahre mehr als verdreifacht.
Für Soziologen und Psychologen hat der Trend zur Scheidung zwei Seiten: Positiv ist zu bewerten, wenn eine Beziehung, die ohnehin längst zerbrochen ist, nicht mit Gewalt aufrechterhalten, sondern gelöst wird. Andererseits scheitern viele Ehen schon bei den ersten Problemen: Anstatt das Tief gemeinsam durchzustehen, trennt man sich einfach.
Bis in die 60er Jahre galt eine Scheidung – zumindest bei Frauen – als Stigma. »Die Geschiedene« wurde einerseits verachtet – auch wenn der Mann »schuld« war, mußte ihr doch zumindest eine Teilschuld anhaften. Andererseits wurde die geschiedene Frau von den verheirateten Geschlechtsgenossinnen gefürchtet: Sie stellte einen Quell der Versuchung für ihre Männer dar, war möglicherweise eine Verführerin, die womöglich nicht nur auf einen Liebhaber, sondern auf einen neuen Ehemann aus war. Heute ist eine Scheidung keine Schande mehr

– nur die katholische Kirche beharrt weiter darauf, in geschiedenen Christen, wenn sie kirchlich verheiratet waren, Menschen zweiter Klasse zu sehen, und schließt sie von bestimmten Sakramenten – etwa der Kommunion oder der Taufpatenschaft – aus.

Immer mehr Scheidungswaisen

Nicht nur eine Scheidung, auch die uneheliche Geburt eines Kindes ist heute keine gesellschaftliche Katastrophe mehr: Demoskopische Untersuchungen zeigen, daß immer mehr Kinder unehelich geboren werden. Vom Gesetz wird heute ja kaum ein Unterschied mehr zwischen ehelichen und unehelichen Kindern gemacht. Diskriminierende Bestimmungen, etwa daß dem Kind einer »unehelichen Mutter« ein amtlicher Vormund gestellt wurde, sind zum Glück Vergangenheit.

Trotzdem ist das Leben für Geschiedene oder Alleinerzieher häufig alles andere als ein Honiglecken. Die Wunden, die vor und bei der Trennung geschlagen wurden, schmerzen oft viele Jahre, machen es vielen schwer – und in manchen Fällen sogar unmöglich –, eine neue Beziehung einzugehen. Und die Kinder, die sogenannten Scheidungswaisen, sind schon seit längerem ein Gegenstand der Forschung. So zeigen nach einer österreichischen Studie immerhin 37 Prozent der von einer Scheidung betroffenen Kinder mittelgradig Verhaltensauffälligkeiten, bei 7 Prozent zeitigt die Scheidung sogar krasse Wirkung, nur bei 18 Prozent der Kinder wirkt sie sich nicht im Verhalten aus. In Deutschland zeigen mehr als ein Drittel der Kinder aus Ein-Eltern-Familien psychische Störungen.

Wobei solche Statistiken immer mit Vorsicht zu lesen sind: Sicher belastet auch eine schlechte Ehe oder Lebensgemeinschaft die betroffenen Kinder, dennoch ist die Trennung der Eltern für jedes Kind eine traurige Erfahrung – auch wenn sich diese nicht gleich in Bettnässen oder Lernproblemen niederschlägt.

Wer mit Erwachsenen spricht, die als Kind die Scheidung ihrer Eltern miterleben mußten, wird durch die Bank hören, wie sehr sie unter der Trennung gelitten hätten. Und viele äußern auch, daß ihre eigene Beziehungsfähigkeit durch die Trennung und das plötzliche Fehlen eines Elternteils – meist des Vaters – beeinträchtigt worden wäre.

Und die Scheidungswaisen werden immer mehr: Waren 1987 in Österreich noch 12760 Kinder von der Trennung ihrer Eltern betroffen, so sind es 1996 bereits 16255 gewesen. In Deutschland leben mehr als drei Millionen Kinder bei nur einem Elternteil. Und wenn es stimmt, daß »Scheidungskinder« in hohem Maß ebenfalls zu Partnerschaftsproblemen neigen, könnte die »intakte Familie« in wenigen Jahren tatsächlich der Vergangenheit angehören. Die Zeichen mehren sich, daß dem so ist: Im Rahmen des österreichischen »Family & Fertility Surveys« wurde auch der weitere »Werdegang« von Kindern untersucht, welche die Scheidung ihrer Eltern miterleben mußten: Fazit: »Scheidungswaisen« tendieren im späteren Leben zu instabilen Bindungen, sie wagen sich wesentlich schwerer – und auch später – an eine feste Beziehung.

Bestätigt werden diese Ergebnisse auch durch eine Mitte 1998 präsentierte deutsche Studie. Der Demoskop Gert Hullen untersuchte den Werdegang von Scheidungskindern und stellte fest, daß sie ein rund doppelt so großes Risiko tragen, auch in der eigenen Beziehung zu scheitern, wie Personen, die in intakten Familien aufwachsen konnten. Besonders interessant: Die Trennung der Eltern wirkt sich umso drastischer aus, je jünger die davon betroffenen Kinder sind. Je jünger ein Kind bei der Scheidung der Eltern ist, umso eher tendiert es später dazu, eine Trennung als praktikable Form der Konfliktlösung zu sehen. Vor allem Frauen, die bei der Scheidung der Eltern jünger als 14 Jahre waren, hatten bei ihren eigenen Beziehungen Probleme. Daß Schwierigkeiten gemeinsam gelöst werden können, daß es sich lohnen kann, auf den anderen einzugehen und sich eine neue Gemeinsamkeit zu erarbeiten, wurde diesen Kindern offenbar nicht vermittelt. Und was Hänschen nicht lernt, lernt Hans – offenbar häufig wirklich – nimmermehr.

Vaterlose Gesellschaft – kinderlose Welt

»Bezugsperson«, das war seit den Anfängen der »fortschrittlichen« Pädagogik das Schlüsselwort. Kinder würden nicht Väter und Mütter brauchen, sondern einfach Menschen, die ihnen Wärme, Halt und Liebe geben. Mittlerweile sehen die meisten Experten die Situation differenzierter: Sicher ist es nicht unbedingt nötig, daß Kinder bei den leiblichen Eltern aufwachsen, doch zur gesunden Persönlichkeitsentwicklung würden sie doch ein konstantes weibliches und männliches Element brauchen. Selbstverständlich sind die Pole »weiblich« und »männlich« auch kulturell geprägt, aber von der Vorstellung, daß alles nur Kultur, alles nur erlernte Rolle ist, hat sich die Wissenschaft in den letzten Jahren – wieder – verabschiedet.
Im Gegenteil: Radikalere Psychologen und Pädagogen fordern sogar eine Beendigung der Koedukation für bestimmte Unterrichtsfächer – etwa für Mathematik oder Physik. Weil Jungen und Mädchen angeborenerweise »anders« denken würden, würden sie verschiedene Unterrichtsmethoden brauchen. Ob nur eine neue Art von Apartheid die Gleichwertigkeit der Geschlechter ermöglichen kann, bleibt vorläufig dahingestellt. Als sicher muß dagegen gelten, daß die Pole »männlich« und »weiblich« mehr sind als patriarchale Vorurteile und feministische Ideologie.
Kinder brauchen Väter und Mütter – darüber sind sich seriöse Psychologen heute einig. »Ich bin bei meinen Großeltern aufgewachsen. Als meine drei Jahre jüngere Schwester zur Welt kam, war meine Mutter einfach überfordert. Meine Eltern sind mich mit ihr zwar jedes Wochenende besuchen gekommen,

trotzdem glaube ich, daß ich sehr gelitten habe. Ich habe mich einfach abgeschoben gefühlt, obwohl meine Großeltern wirklich sehr liebevoll waren. Ich habe durch die Förderung meines Großvaters auch viel besser in der Schule gelernt als meine Schwester, das ist mir fürs ganze Leben zugute gekommen. Trotzdem glaube ich, daß diese Kindheitserlebnisse irgendwie schuld daran sind, daß ich gar kein Bedürfnis verspüre, selbst Kinder zu haben. Ich war dann in der Pubertät auch sehr schwierig und bin bis heute ein eher verschlossener Mensch, lasse nicht gern jemanden an mich heran, zeige meine Gefühle nicht«, erzählt Maximilian J.

Daß ein Mangel an elterlicher Zuwendung oder die Abwesenheit eines Elternteils Kinder bleibend fehlprägen kann, ist ein Allgemeinplatz der Kinder- und Jugendpsychologie. Wie drastisch die psychischen Folgen sein können, zeigt eine aktuelle Untersuchung aus der Schweiz: Der in Lausanne tätige Psychiater Olivier Halfon hat Fälle von der noch seltenen, aber doch ansteigenden Magersucht beim Mann untersucht. Seiner Meinung nach würden die jungen Männer ihre geschlechtliche Identität ablehnen, weil ihnen in der Kindheit keine Vaterfigur Orientierung vermittelt hätte. Weil ihnen kein Mann zur Identifikation zur Verfügung stand, konnten und wollten sie selbst nicht Mann werden – und hinderten ihren Körper durch Nahrungsverweigerung, »männliche« Attribute zu entwickeln. Verantwortlich für diesen Trend sei, laut Halfon, »der radikale Wandel, der sich heute in den Familien vollzieht«. Entscheidendes Detail am Rande: Wie bei weiblichen Magersüchtigen kommt es auch bei männlichen Anorexie-Patienten zu Unfruchtbarkeit und sexuellem Desinteresse – die »vaterlose Gesellschaft« produziert eine »kinderlose Welt«.

Auslaufmodell Familie?

Daß die »Kleinfamilie« am Ende sei, wird immer wieder verkündet. Andererseits hat sich eine funktionierende Alternative noch nicht herauskristallisiert. Sicher – Lebensformen gibt es heute viele. Die Großfamilie existiert noch in einigen altmodischen Enklaven, Vater-Mutter-Kinder gibt's auch noch, doch die »Alleinerzieher« sind unaufhaltsam im Vormarsch. Meist ist's die Frau mit den Kindern, selten, aber doch gibt's alleinerziehende Väter.

Der Trend zum familiären Singledasein ist ein erzwungener: Keiner ist gern allein, doch die traute Zweisamkeit wird immer kurzlebiger. Wir tendieren immer rascher dazu, bei Problemen die Flinte ins Korn zu werfen, statt die Schwierigkeiten gemeinsam durchzustehen, sagen die Psychologen. »Ex und Hopp« ist schnell gesagt und getan, die Bereitschaft, sich miteinander und den gemeinsamen Beziehungskonflikten auseinanderzusetzen, sinkt.

Die Vielzahl der Probleme von Alleinerziehern wurden bereits andernorts angesprochen: Finanziell geht's vielen dreckig – selbst wenn der Ex-Partner die Alimente für die Kinder regelmäßig bezahlt. Alleinerzieherinnen haben besondere Probleme bei der Job-Suche – Firmenchefs fürchten, daß alleinerziehende Mitarbeiterinnen häufiger wegen der Kinder daheim bleiben müssen. Tatsächlich muß die Kinderbetreuung besonders genau organisiert werden. Auch sonst ruhen sämtliche Alltagsprobleme auf den Schultern der Alleinerzieherin, Sorgen und Nöte können kaum geteilt werden. Zur wirtschaftlichen Misere kommt der ständige Streß der psychischen Überbelastung. Privatleben gibt's nur eingeschränkt, fürs Finden eines neuen Partners fehlt oftmals schlicht und einfach die Zeit.

Dennoch scheint es außer Vater-Mutter-Kind-Familie und dem Modell »Alleinerziehung« keine Alternativen zu geben. Sicher, prinzipiell wären Wohngemeinschaften von mehreren Alleinerziehern oder einfach mit guten Freunden möglich – in der Praxis finden solche sozialen Arrangements aber einfach nicht statt. Trotz aller offenkundiger Vorteile scheinen sie unserem Bedürfnis nach Privatheit zu sehr zu widersprechen.

Nachhilfe in »Familienleben«

Daß immer mehr Familien zerbrechen, zu »Rumpffamilien« mit einem Elternteil schrumpfen, belastet Väter, Mütter und Kinder. Und letztere vielleicht fürs ganze Leben. Daß »Scheidungswaisen« mitunter selbst Probleme haben, eine dauerhafte Partnerschaft einzugehen, kann nicht verwundern. Wenn Hänschen nicht lernt, in einer von Respekt und Zuneigung geprägten Beziehung Konflikte partnerschaftlich zu lösen, kann das Hans vielleicht nicht »nimmermehr«, aber wahrscheinlich doch nur mit Mühe.

Dennoch wird bereits ganz konkret »Nachhilfeunterricht« in Sachen Partnerschaft angeboten. Mitte 1998 wurde im US-Bundesstaat Florida ein Gesetz beschlossen, das Schülern das Pflichtfach »Partnerschaftspflege« vorschreibt. Die 15- und 16jährigen sollen in der Schule lernen, was ihnen daheim nicht vorgelebt wurde. In den USA liegt die Scheidungsrate bei derzeit 40 Prozent, nahezu jede zweite Ehe wird geschieden, die »Partnerschaftsschulung« soll diesen Trend stoppen, die Teenager sollen schon vor der »ersten, großen Liebe« lernen, wie man Beziehungskrisen rechtzeitig erkennt und damit umgeht.

Hierzulande läßt der Schulunterricht fürs Liebesleben noch auf sich warten, da ist ja selbst die »Sexualkunde« noch ein umstrittenes Fach. Da und dort gibt's allerdings außerschulische Angebote für Scheidungswaisen, wo sie mit ihresgleichen zusammentreffen und unter psychologischer Betreuung versuchen können, ihre Probleme mit der Trennung der Eltern aufzuarbeiten.

Doch im allgemeinen sind Initiativen für scheidungstraumatisierte Kinder und Jugendliche rar. Entdeckt werden sie aber zunehmend von der Werbung: Wenn in einem TV-Spot für Tomatensoße einem jungen Mann neben anderem Unbill auch noch zustößt, daß ihm seine Mutter mitteilt, sie sei »jetzt mit deinem Deutschlehrer zusammen«, bleibt dem nur ein Trost – Pommes mit supergeilem und superrotem Ketchup.

Als Konsumenten geben die Kids der »Generation X« ja wirklich Anlaß zu großen Hoffungen. Ob sie sich zu jenen »Familienmenschen« entwickeln werden, die ihre Eltern nicht sein konnten, darf allerdings bezweifelt werden.

Familie – eine zeit-lose Beziehung

Die sprachgestörten, hyperaktiven, gewaltbereiten Kinder kommen

»Ich war noch ganz neu in der Firma, als ich nach Arbeitsschluß mit meiner Chefin zu ihr nach Hause gefahren bin. Sie wollte mir einige Unterlagen geben. Sie hatte damals drei Kinder. Ihre älteste Tochter, sie war so elf, zwölf Jahre alt, hat uns die Türe aufgemacht, und als das Mädchen den Mund aufgemacht hat, war ich entsetzt. Ihre Zähne waren in einem fürchterlichen Zustand, ganz schwarz vor Karies – man hat das auf den ersten Blick gesehen, so schlimm war es. Meine Chefin war extrem erfolgreich, eine klassische ›Karrierefrau‹. Sie hat rund um die Uhr gearbeitet, hatte überhaupt keine Zeit für ihre Kinder. Sie hatte sich offensichtlich nicht einmal die Zeit genommen, mit ihnen zum Zahnarzt zu gehen – dieses Zahnproblem mußte ja schon über Jahre bestehen. Sie hat immer nur gejammert, daß es keine zuverlässigen Kindermädchen gibt und so. Ich habe mich schon gefragt, warum sie überhaupt Kinder hat. Später hat sie noch zwei bekommen, obwohl sich an ihrer Lebens- und Arbeitssituation nichts geändert hat. Dabei hat sie sich immer als Parademutter präsentiert, bei jeder Gelegenheit hat sie betont, sie habe ›ja Kinder‹. Sicher kann sie bei ihrem Einkommen und bei ihren Beziehungen den Kindern später beim Start ins Leben einiges bieten. Aber ›Mutter‹ war sie in meinen Au-

gen keine. Sie hat die Kinder zwar geboren, aber ich glaube, eher aus einer Art Selbstbestätigung heraus. Für mich war klar: Unter diesen Umständen will ich keine Kinder, das möchte ich ihnen nicht antun.«

Elvira T., Verlagsassistentin

Frauen haben immer weniger Kinder – aber auch die Frauen, die Kinder haben, sind längst nicht immer Mütter. »Mama ist die Beste, auch wenn sie Beruf nachgeht!« – mit dieser Titelzeile berichtet die österreichische »Kronen Zeitung« zum Muttertag 1998 über eine US-Studie zum Thema »Berufstätigkeit und Mutterschaft«. Im weiteren ist zu lesen, daß berufstätige Mütter in Amerika monatlich nur sieben Stunden weniger »mit Erziehungsaktivitäten wie Spielen, Hausübungen machen und gemeinsam Lesen« verbringen. Was sagt das aber wirklich aus? Daß offensichtlich auch die nicht-berufstätigen Mütter ihren Kindern nicht gerade viel Zeit widmen: Denn wenn man die obenerwähnte Studie hochrechnet, verbringt die »Nur-Hausfrau« nicht einmal eine halbe Stunde mehr pro Tag aktiv mit ihrem Nachwuchs als die berufstätige Mutter nach einem harten Arbeitstag. Ganz plausibel erscheinen diese Zahlen nicht, dennoch steckt vielleicht mehr dahinter, als man auf den ersten Blick meinen könnte.

Trotz Mutter »mutterlos«

Untersuchungen haben gezeigt, daß immer mehr Kinder Sprachstörungen aufweisen – auch im deutschsprachigen Raum. Eine Langzeitstudie an der Universität Mainz hat ergeben, daß die Zahl der sprachgestörten Kinder innerhalb der letzten zehn Jahre um 25 Prozent angestiegen ist. In Nordrhein-Westfalen mußten innerhalb von sechs Jahren an den Spezialschulen für Sprachbehinderte 60 Prozent mehr Kinder aufgenommen werden. Für andere Regionen und Länder liegen ähnliche Zahlen vor.

»Im Kindergarten werden immer mehr Kinder angemeldet, die sich niemandem verständlich machen können«, berichtet die Zeitschrift »Psychologie heute« in ihrer Ausgabe vom Mai 1998. Und weiter: »Wurden vor zehn Jahren aus den Anfängerklassen nur einzelne Kinder der Logopädin vorgestellt, so müssen heute ganze Gruppen gefördert werden.«
Im Monat darauf schlägt der deutsche Bundesverband für Logopädie Alarm: Zumindest jedes zehnte Kind in Deutschland leidet bereits an einer gestörten Sprachentwicklung.
Der Grund für die »Sprachlosigkeit« der Kinder: Es wird ganz einfach nicht genügend mit ihnen gesprochen. Mütter – und Väter – haben eben Besseres zu tun, als sich mit ihrem Nachwuchs zu unterhalten. Schon Kleinkinder werden »ruhiggestellt«, indem man sie vor den Fernseher setzt. Nach einer Untersuchung des Österreichischen Instituts für Familienforschung verbringt die österreichische Durchschnittsfamilie pro Tag nur 40 Minuten mit gemeinsamen Mahlzeiten – wo auch miteinander gesprochen wird. Dagegen hockt man zumindest zwei Stunden täglich vor dem Fernsehschirm. Andere gemeinsame Aktivitäten außer Essen und Fernsehen gibt's dagegen – zumindest bei den ab Zehnjährigen – kaum. Nur 6 Prozent der in der obenerwähnten Untersuchung befragten Kinder gaben an, mit den Eltern auch zu spielen. Von den Kindern, die Sport treiben, tun das wochentags nur 4 Prozent mit einem Elternteil, am Wochenende etwas mehr als 10 Prozent. Wirklich »gemeinsame Aktivitäten« gibt's in wenigen Familien. Und im Haushalt wird täglich höchstens eine Viertelstunde mitgeholfen – daß gemeinsame Arbeit auch Spaß machen kann, daß die »Familienarbeit« eine verbindende »gemeinsame Sache« sein kann, wird nur von wenigen Kindern erfahren.
Selbstverständlich zwingen auch die ökonomischen Umstände zur eingeschränkten Kommunikation zwischen Eltern und Kindern: Allein von 1997 auf 1998 hat sich zum Beispiel im Raum Wien die Zahl der Kinder, die schon im zarten Alter von einem

Jahr ihre Tage auf einem Betreuungsplatz außerhalb der Familie verbringen müssen, vervierfacht(!). Im gleichen Zeitraum sind auch die Vormerkungen für noch jüngere Kinder deutlich angestiegen. In Zeiten wie diesen, wo die wirtschaftlichen Umstände unsicher sind und ständig unsicherer werden, können und wollen immer weniger Eltern die Karenzzeit voll in Anspruch nehmen.

Auch die »Großmütter« fallen aus

Und wenn die Mütter und Väter nicht daheim bleiben können, muß eben auch der Nachwuchs außer Haus. Denn Großmütter oder andere ältere Verwandte stehen heute kaum noch als Babysitter zur Verfügung. Erstens weil sie häufig selbst noch im Erwerbsleben stehen – und zweitens, weil sie im Gegensatz zu früheren Zeiten andere Interessen haben, als den Nachwuchs von Sohn oder Tochter großzuziehen.

»Ich habe auch deshalb keine Kinder, weil ich für jede Betreuungsstunde bezahlen müßte«, erklärt Bettina R. »Wie wenig Interesse meine Eltern an ihren Enkelkindern haben, kann ich bei meinem Bruder sehen. Er hat zwei wirklich nette Kinder, trotzdem beklagt sich meine Mutter immer, daß sie einfach nicht mehr die Nerven hätte, um sie zu betreuen. Meine Eltern unternehmen lieber wochenlange Reisen durch ganz Europa, als sich mit ihren Enkeln zu beschäftigen. Es macht ihnen einfach keinen Spaß.«

Die Wirtschaft hat ihre Freude an den »aktiven« Senioren, als Kindermädchen fallen sie aber aus. Weshalb der Bedarf an »professioneller« Kinderbetreuung ständig wächst.

Von Experten wird für Kinder unter drei Jahren die Betreuung durch eine »Tagesmutter« empfohlen: Kleine Gruppen von in der Regel drei bis fünf Kindern sorgen dafür, daß diese Betreuungsform am »familienähnlichsten« ist. Wenn kein »Familienleben« möglich ist, soll es wenigstens simuliert werden.

In der eingangs erwähnten amerikanischen Studie wurde auch

festgestellt, daß die befragten Kinder ihre berufstätigen Mütter durchwegs mit der »Bestnote« beurteilten – wie bereits zitiert: »Mama ist die Beste, auch wenn sie Beruf nachgeht«. Doch sagt diese »Bewertung« wirklich etwas über die »Leistungen« der Mütter aus? Zeigt sie nicht vielmehr, wie sehr Kinder ihren Müttern emotional verbunden sind? Mama ist die Beste, weil sie die »Liebste« ist.

»Als mein Bruder so neun, zehn war und ich so sechs, sieben Jahre, hatte meine Mutter einen Job angenommen, der um 5 Uhr nachmittags begann. Sie ist immer um halb 5 weggegangen und jedesmal sind wir am Fenster gestanden und haben ihr nachgewunken. Wir haben dann immer geweint, sogar mein älterer Bruder. Es war wie ein Abschied, wie ein Verlassenwerden. Gerade als es dunkel geworden ist, da haben wir uns ohnehin immer so melancholisch gefühlt, ist sie weggegangen. Sie wäre bestimmt auch lieber bei uns geblieben, aber es ging eben nicht anders«, erzählt Martina M.

Selbstverständlich soll hier nicht einem »Frauen zurück an den Herd« das Wort geredet werden, doch »Familie« ist eben nur möglich, wenn's auch »Familienleben« gibt. Erst gemeinsam verbrachte Zeit schafft Gemeinsamkeit. Und um diese »gemeinsam verbrachte Zeit« ist es in Zukunft womöglich noch schlechter bestellt: In den USA zwingt etwa die wirtschaftliche Misere zahlreiche Berufstätige, neben ihrem »Hauptjob« noch zumindest einer weiteren Beschäftigung nachzugehen – der Verdienst reicht sonst einfach nicht aus. Wobei nicht nur die untersten Einkommensschichten betroffen sind: Selbst Lehrer müssen gegebenenfalls nach Schulschluß und in den Ferien »dazuverdienen«, wenn sie ihren Lebensstandard auch nur halten wollen. In Mitteleuropa ist die Lage – noch – weniger dramatisch, dennoch sorgen die immer mehr um sich greifenden »flexiblen« Arbeitszeitmodelle auch hier dafür, daß in manchen Familien immer weniger Zeit miteinander verbracht wird. Vor allem im Handel. Immer mehr Geschäfte halten abends länger offen und haben auch samstags bis 17 Uhr geöffnet – da »Verkäuferin« nach wie vor ein klassischer Frauenberuf ist, sind häufig auch Mütter betroffen. Sicher, viele können den Zusatzverdienst auch gut gebrauchen, aber meist ist doch der »sanfte Zwang« – und die Angst um den Arbeitsplatz – entscheidend dafür, daß sie länger »Dienst tun« und auf die Freizeit mit der Familie verzichten.

Zauberwort »Fremdbetreuung«

»Sparmaßnahmen der Regierungen in Europa blieben nicht ohne Auswirkungen auf die Qualität der Kinderbetreuungseinrichtungen. Die Wirtschaft fordert aber kürzere Berufsausstiege der Eltern, und Kinder müssen immer häufiger, früher und länger fremdbetreut werden«, heißt es in einer Publikation des Österreichischen Instituts für Familienforschung. Und es könnte gut sein, daß dem Institut sein Forschungsgegenstand demnächst abhanden kommt. Denn tatsächlich werden immer mehr Kinder immer früher »fremdbetreut« – und was heißt das anderes, als daß »Familie« immer seltener stattfindet.

Eine finanzielle Absicherung von Eltern könnte dem gegensteuern, in Deutschland wurde im April 1998 das Konzept »Erziehungsgehalt 2000« vorgestellt: 2000 Mark sollen bis zum siebenten Lebensjahr des ersten Kindes bezahlt werden, für jedes weitere 7000 Mark. In Österreich erwägt man einen »Kinderbetreuungsscheck« von 4200 Schilling, die Summe solle Eltern als »Gehalt« oder für den Kindergarten bis zum dritten Lebensjahr des Kindes zur Verfügung stehen. Dagegen wagte der österreichische Familienminister Bartenstein (ÖVP) Mitte 1998 einen Schritt in Richtung »Eigenbetreuung«: Er schlug für Mütter und Väter ein »Kinderbetreuungsgeld« von 5700 Schilling, das entspricht dem derzeitigen Karenzgeld, vor. Die Zahlung sollte unabhängig davon erfolgen, ob der Elternteil vor der Geburt des Kindes erwerbstätig war oder

nicht. Eine durchaus soziale und kinderfreundliche Idee – allerdings fehlt dafür das Geld.
Und auch die Zustimmung des Koalitionspartners: SPÖ-Familiensprecherin Mertel konterte, es sei unverantwortlich, Mütter länger als derzeit – »derzeit« steigen die meisten Mütter nach der Karenzzeit von eineinhalb Jahren wieder in den Job ein, immer mehr auch schon früher – vom Arbeitsmarkt zu verdrängen. Außerdem würden sich die Betreuungseinrichtungen mangels Auslastung verteuern und auch an Qualität verlieren. Deshalb empfehle sie kostenlose Kindergartenplätze.
Die »Kleinfamilie« ist ein traditionelles »Feindbild« des Sozialismus – und das mit gutem Grund. Schließlich waren im Namen des »Familienlebens« Frauen jahrtausendelang an Kinder, Küche, Kirche gefesselt und jeder Selbstbestimmung beraubt.
Doch die Zeiten haben sich geändert, Psychologie und Pädiatrie fordern heute sehr wohl ein geborgenes Aufwachsen in der – kleinen – Familie. Kindergarten oder auch schon die Babyspielgruppe werden zwar als »Außenkontakte« empfohlen – nicht zuletzt weil viele Kinder als Einzelkinder aufwachsen –, doch eine Dauer-Fremdbetreuung schon für Kleinkinder ist aus entwicklungspsychologischer Sicht nicht wünschenswert. Seltsam, daß sich eine sozialdemokratische Politikerin diesen Erkenntnissen verschließt und sich – in vorauseilendem Gehorsam – die Interessen der Industrie-Lobby zu den eigenen macht. Denn was könnte den Profiteuren angenehmer sein als eine lückenlose Finanzierung der »Fremdbetreuung« der Kinder ihrer Arbeitnehmer durch deren Steuergelder? Nicht nur daß die Mütter und Väter selbst für die Trennung von ihren Kindern bezahlen müßten, wie könnten sie auf Grund des »tollen Betreuungsangebots« dann überhaupt noch einen Anspruch auf »Eigenbetreuung« einfordern?
Vereinzelt versuchen Regierungen »der Wirtschaft« aber doch gegenzusteuern. In Österreich wurde Mitte 1998 – frei nach dem »Öko-Audit«, das zu mehr Umweltfreundlichkeit von Un-

ternehmen führen soll – das »Familien-Audit« eingeführt: Nach einem bestimmten Maßnahmenkatalog wird die »Familienfreundlichkeit« der Firmen-Personalpolitik geprüft, Betriebe »mit Herz« für Mütter, Väter und Kinder erhalten ein Zertifikat des Familienministeriums. Man hofft, daß die Wirtschaft den Prestigegewinn des »Familienpickerls« zu schätzen lernt und sich etwa bei der Einführung von Teilzeitarbeit williger zeigt.
Nicht auf Freiwilligkeit und guten Willen, sondern auf Recht und Gesetz setzt man im deutschen Bundesland Nordrhein-Westfalen. Dort soll das »Recht auf Teilzeit« im Gesetz verankert werden: Arbeitnehmern, männlichen und weiblichen, die ein Kind unter 18 Jahren zu betreuen haben, soll ein Rechtsanspruch auf Teilzeitbeschäftigung ermöglichen, dieser Aufgabe auch tatsächlich gerecht zu werden. Ob diese Maßnahme zu einer »Vermenschlichung« der Arbeitsverhältnisse oder zu einer noch drastischeren Ausgrenzung von »Familienmenschen« führt, wird sich allerdings erst weisen.

Spaß statt Beziehung

»Zeit« ist in jeder Form von Beziehung ein entscheidender Faktor. Selbstverständlich gibt's auch Brieffreundschaften oder Telefonsex – doch für eine innere »Stimmigkeit« ist gemeinsam verbrachte Zeit schlicht notwendig. »Schenken Sie Ihrem Kind nicht teures Spielzeug, sondern etwas wirklich Kostbares – Ihre Zeit« wurde jahrzehntelang an Eltern appelliert. Die Väter und Mütter sollten sich nicht »loskaufen«, sondern sich mit ihren Söhnen und Töchtern beschäftigen. Mittlerweile sind solche Mahnungen nur noch selten zu hören – das Big Business mit Computerspielen, Fernsehern fürs Kinderzimmer und Tamagotchis ist eben zu lukrativ.
Und wenn doch Zeit miteinander verbracht wird, ist das oft einfach – Freizeit. Familienleben als endloser Spaß – vom Disneyland in den Safaripark, vom Club-Urlaub ins Shopping-Paradies: So ist's im Fernsehen und gegebenenfalls auch in der Realität.

Die »Banalität« des »wirklichen Lebens« – aber damit auch die Wirklichkeit in all ihrer emotionalen Tiefe, Wahrhaftig- und Ernsthaftigkeit – bleibt in der »Spaßfamilie« außen vor. »Erziehen« – das Leben erklären, vorleben, Orientierung bieten – soll die Schule, am besten bei Ganztagsbetreuung. Für seelische Verstimmungen gibt's die »Versöhnungsshow« oder »Rat auf Draht« – aus dem ganzen Bundesgebiet zum Ortstarif. Und wie man Probleme in der Familie kreativ bewältigt, erfährt der Nachwuchs – je nach Naturell – im TV-Seriennachmittag bei »Alle unter einem Dach« oder der »schrecklich netten Familie«.
Wenn echte Beziehungen schon in der sogenannten »Kernfamilie« immer seltener zustande kommen, so sieht's in der erweiterten Verwandtschaft noch trauriger aus. In immer mehr Familien beschränkt sich der Kontakt zu den »anderen« Verwandten wie Onkeln, Tanten oder Großeltern auf die wenigen »Familienfeste« im Jahr – mitunter sieht man sich monatelang – oder wenn zu Weihnachten Tropen-Ferien angesagt sind – auch jahrelang nicht.
Selbstverständlich ist die »liebe Familie« nicht immer ein Hort von Frieden, Liebe, Eierkuchen. Doch selbst zeitweise angespannte Beziehungen sind besser als Beziehungslosigkeit.
Familienbande sind in der Regel doch dicker als Freundschaftsbande – auch wenn sie manchmal als Fesseln empfunden werden. Und gerade für Kinder wären die vielgestaltigen Beziehungen in einer Familie mit ihren Allianzen und Animositäten, mit ihren Rivalitäten und dem doch immer wieder vorhandenen »Wir-Gefühl« ein gutes Übungsfeld zur Persönlichkeitsentwicklung.

Keine Kindheit – keine Kinder

Viel wird über die steigende Zahl von Einzelkindern und deren Probleme diskutiert, der Besuch eines Kindergartens von Experten dringend empfohlen, um der »Vereinzelung« daheim gegenzusteuern. Aber Kinder wachsen heute häufig nicht nur ohne Geschwister auf, auch sonst mangelt es ihnen an kontinuierlichen, engen Beziehungen. Viele sehen die eigenen Mütter nur wenig, bei vielen sind die Väter – aus beruflichen oder Scheidungsgründen – nicht vorhanden, noch mehr haben kaum Kontakt zu anderen Verwandten. Omas, Opas, Onkeln und Tanten treten bestenfalls als Geldspender zu Weihnachten oder am Geburtstag auf.

Zunehmend wird die »Asozialität« unter Kindern und Jugendlichen beklagt, doch »asozial« ist, wer keine soziale Beziehungsfähigkeit entwickeln konnte. Und das können offensichtlich immer weniger Kinder.

Die Zahl der Verhaltensstörungen nimmt rasant zu – das beklagen Kindergärtnerinnen, Erzieher, Lehrer. Wobei eine immer größere Zahl von Kindern nicht nur durch die vielbeklagte »Hyperaktivität« auffallen, die es ihnen verunmöglicht, sich auf ein Spiel oder den Unterricht zu konzentrieren. Auch gewalttätige Übergriffe auf andere Kinder werden immer häufiger – und die Lehrkräfte haben es schon in der Volksschule immer schwerer, sich durchzusetzen. »Das Schlimmste ist, daß die Eltern sich persönlich beleidigt fühlen, wenn man sie darauf aufmerksam macht, wie problematisch sich ihr Kind benimmt«, klagt die Volksschullehrerin Inge L. stellvertretend für viele Kolleginnen. »Sie behaupten, daheim wäre ihr Kind total nett, und deshalb sei es einfach unmöglich, daß es sich in der Schule so rücksichtslos verhält. Aber das kann nicht sein, das Kind muß doch auch sonst ein gestörtes Verhalten zeigen. Viele Eltern sehen ihre Kinder nicht so, wie sie sind, sondern so, wie sie sie sehen wollen.«

Es scheint, daß viele Frauen – und Männer –, die sich zur Elternschaft entschlossen haben, diese nur mehr unzureichend wahrnehmen. Weil ihnen der Beruf kaum Zeit dazu läßt, weil sie sich die Freizeit nicht mit lästiger »Erziehungsarbeit« vermiesen lassen wollen, weil sie zu ihren Kindern – aus Zeitman-

gel – gar kein so intensives Vertrauensverhältnis aufbauen könne, daß »Erziehung« halbwegs funktionieren kann. Oder weil sie Tochter oder Sohn nur im Urlaub oder »zwischen Tür und Angel« sehen und deshalb gar nicht wirklich wissen können, wie sich diese verhalten.
Und vielleicht auch, weil viele von ihnen selbst in »zeit-losen« Familien aufgewachsen sind. Für die Generation, die jetzt Kinder hat, träfe das ja bereits voll zu. Und ebenso für die Generation, die jetzt auf Kinder verzichtet.

Immer mehr »schreckliche« Kinder?
»Alles Schlechte kommt aus Amerika« – das glaubte man spätestens in den 50er Jahren. Ob Kaugummi, Comix oder Rock 'n' Roll: Was der Jugend gefährlich werden konnte, kam aus den USA. Heute scheint die Jugend selbst gefährlich geworden zu sein, und die Gefahr, daß »amerikanische Zustände« auch bei uns anbrechen könnten, wird bereits an die Wand gemalt. Besonders die Häufung von Gewaltverbrechen an US-Schulen Ende 1997/Anfang 1998 nährte diese Sicht der Dinge: Im Oktober 1997 lief ein Schüler in Pearl, Mississippi, Amok, tötete drei Mitschüler und verletzte sieben weitere; im Dezember tötete ein 14jähriger in West Peducah, Kentucky, ebenfalls drei Menschen und verletzte fünf, im März 1998 eröffneten zwei Schüler – elf und dreizehn Jahre – in Jonesboro, Arkansas, das Feuer vor ihrer Schule, es gab fünf Tote und elf verletzte. Am 21. Mai tötete ein 15jähriger in Springfield, Oregon, vier Menschen – darunter seine Eltern – und verletzte 22, am Tag darauf verletzte ein 17jähriger in Houston, Texas, bei einem Amoklauf eine Person schwer, ein weiterer Jugendlicher erschoß seine Freundin vor den Augen der Insassen eines Schulbusses. Im August desselben Jahres stehen ein Sieben- und ein Achtjähriger vor Gericht, weil sie ein elfjähriges Mädchen mit Steinen erst bewußtlos geschlagen, dann sexuell miß-

braucht und schließlich erdrosselt hatten. Daß in den USA Gewalttaten und Waffenbesitz schon bei Volksschülern gang und gäbe sind, wird in Europa mit Entsetzen registriert. Aber auch diesseits des großen Teichs nimmt die Gewaltbereitschaft von Kindern zu.

Ende Mai 1998 wird im Wiener Stadtschulrat eine Lehrer-Fortbildungsaktion zum Thema »Gewalt an Schulen« präsentiert, die in der Folge auf ganz Österreich ausgedehnt werden soll. Anlaß der Aktivitäten: der schreckliche Vorfall im niederösterreichischen Ort Zöbern, wo ein Schüler seine Lehrerin erschoß, weil sich ihm diese in den Weg stellte, als er ein Mädchen aus der Klasse bringen wollte, um sie nach eigenen Angaben zu vergewaltigen.

In Reaktion auf dieses schreckliche Ereignis wurde eine Studie in Auftrag gegeben, welche die Gewaltbereitschaft an niederösterreichischen Schulen untersuchen sollte. Die Ergebnisse waren »derart erschütternd«, daß man im Innenministerium »sofortigen Handlungsbedarf« erkannte.

Als Gründe für die zunehmende Brutalisierung wurden vor allem der Konsum von »gewaltverherrlichenden Videos« genannt, die den Gebrauch von Waffen als Problemlösung propagieren.

Der Videokonsum der Jugendlichen als Ursache für ihre wachsende Gewaltbereitschaft scheint allerdings zu kurz gegriffen.

Zu fragen wäre, wie es überhaupt möglich ist, daß halbe Kinder Zeit, Geld und die Möglichkeit haben, sich dutzendweise Horror- und Pornovideos »hineinzuziehen«. Daß ihnen ihre Eltern nichts Besseres zu tun geben – und sich offensichtlich einen Dreck darum scheren, wie ihr Nachwuchs seine Freizeit verbringt.

Noch wichtiger wäre allerdings, zu klären, wo die »Grundaggression« der »schrecklichen Kinder« herkommt. Woher kommt ihr Hunger nach Mord, Totschlag, Vergewaltigung

und Folter? Die Psychologie ist sich einig, daß nur verwundete Seelen das Bedürfnis haben, selbst zu verwunden. Welche Zurückweisungen haben die Seelen der kindlichen Gewaltsüchtigen so sehr verbogen, daß sie ihr Selbstgefühl aus der Zerstörung anderer beziehen müssen? Wie wurden die jungen Asozialen sozialisiert? Was ist schiefgelaufen in ihrer Biografie?
Bis vor kurzem gab es nur einen Schuldigen am Desaster der »schrecklichen Kinder«: die Gesellschaft. Heute ist Individualisierung angesagt – das Elternhaus als »Quell allen Übels« geortet. In einigen US-Bundesstaaten werden bereits Gesetze erwogen, die Eltern für die Straftaten ihrer Kinder zur Verantwortung ziehen sollen: Greift der Nachwuchs zur Pumpgun, kommen Mummy und Daddy hinter Gitter.

Freizeitstreß statt Windelwechsel

Die infantile Gesellschaft: kinderlos

»Mein Mann sagt, er fühlt sich selbst noch wie ein Kind und hat deshalb kein Bedürfnis nach Kindern. Ich weiß, daß er recht hat. Dabei glaube ich, daß er eigentlich ein guter Vater wäre. Aber vielleicht ist es auch besser, daß er die Karten auf den Tisch legt – andere setzen Kinder in die Welt und sind dem dann doch nicht gewachsen. Und die Frauen stehen am Ende alleine da.«

Veronika S., Bankangestellte

Die »infantile Gesellschaft« ist zum fixen Begriff der Psycho- und Soziologen geworden. Erwachsenwerden fällt der breiten Masse heute offensichtlich schwerer als in früheren Zeiten. Nicht zuletzt deshalb, weil es offensichtlich kein gerade berauschendes Image hat: Im allgegenwärtigen Jugendkult haben »Oldies« nichts zu melden.
Die Altersphobie treibt mannigfaltige und kuriose Blüten. Liftings, Fettabsaugungen, Silikon- und Collagen-»Renovierungen« der Prominenz werden vom Publikum mit Spannung verfolgt, und solche »Verjüngungsmethoden« gewinnen auch unter den Otto und Ottilie Normalverbrauchern immer mehr Anhänger. Zwangsläufig: Sind doch Großväter bestenfalls noch als »Rock-Opas« akzeptabel und Großmütter höchstens dann, wenn sie zumindest »die schönsten Beine der Welt« haben.

Kinder an die Macht!?

Nicht nur die Alten sind gründlich aus der Mode gekommen, schon bei den »Eltern« beginnt das Problem. Schon die sind mega-out, und wer will es ihnen verübeln, daß sie sich so bald als möglich in die Frührente verkrümeln möchten.

»Kinder an die Macht« forderte schon Herbert Grönemeyer mit Hitparaden-stürmendem Erfolg. Nun, bequem wäre es natürlich, wenn die Kinder an der Macht und für alles, was da so passiert, verantwortlich wären. Ansonsten steckt hinter diesem frommen Wunsch allerdings ein gröbliches Mißverständnis. Kinder sind ja gerade deshalb Kinder, weil sie sich mit der Handhabung der »Macht« noch schwerer tun würden als die Erwachsenen.

Zwar verheißt schon Jesus nur jenen das Himmelreich, »die werden wie die Kinder«. Doch der heute wieder so populäre Mythos, daß Kinder die besseren Menschen wären, geht auf bestimmte verklärt-romantische Vorstellungen der Aufklärung zurück: Angesichts der dekadenten und moralisch verderbten Adelsgesellschaft des 18. Jahrhunderts projizierte das aufgeklärte Bürgertum die Sehnsucht nach einer »besseren Welt« und einer besseren Menschheit in »edle Wilde«, die fernab der Zivilisation ein von den – angeblich – vernünftigen Gesetzen der Natur bestimmtes Leben in sozialer Gerechtigkeit führen sollten.

Diese Vorstellungen bestehen bis heute, werden durch die Wirklichkeit aber weiter und weiter demontiert. Sicher gibt es Völker, die für bestimmte Lebensprobleme vielleicht bessere Lösungen gefunden haben – die wirklich »gute« Gemeinschaft, deren Mitglieder ihr Leben ohne Unterdrückung, Ausbeutung, Lug und Trug in stiller Harmonie fristen, wurde aber bis heute nicht gefunden.

Doch nicht nur der Mythos vom »edlen Wilden« stammt aus der Aufklärung, ebenso der Glaube an die angeborene »gute Natur des Menschen«, die nur durch Erziehung verbildet wird.

»Antiautoritäre Erziehung« heißt das dazugehörige moderne Schlagwort. Diese hat sich zwar nicht in ihrer reinen Form, durchaus aber in – mißverstandenen – Teilaspekten durchgesetzt.

Selbstverständlich sind die Umstände, unter denen ein Kind heranwächst, entscheidend für seine Charakterbildung. Die Basis, an der diese Einflüsse ansetzen, sind angeborene Eigenschaften – aber diese Basis ist keineswegs per se »gut«. Die prinzipielle Fähigkeit, moralisch handeln zu können, mag angeboren sein, das Wertesystem dazu wird aber allemal von der Umwelt tradiert, in der das Kind aufwächst. »Grenzen setzen – aber richtig«, lautet deshalb das jüngste Credo in der Pädagogik.

Doch das richtige Grenzen-Setzen ist eine mühsame Sache – es ist weit anstrengender als der früher übliche autoritäre Erziehungsstil, bei dem Eltern und andere Autoritätspersonen einfach Gehorsam forderten und diesen gegebenenfalls auch mit Körperstrafen durchsetzten.

Und Grenzen-Setzen ist auch weit mühsamer als die heute immer wieder beklagte »Nicht-Erziehung«, die als »antiautoritär« und »frei« mißverstanden wird. Das Laissez-faire, das viele Eltern praktizieren, schafft nicht gesunde, glückliche Persönlichkeiten, sondern Kinder, die nie gelernt haben, die Wünsche und Rechte anderer zu respektieren. Kleine Egoisten, die meinen, die ganze Welt würde sich um sie drehen – und keine Antwort wissen außer Aggression, wenn sie auf Widerstand stoßen.

Die »alte« Erziehungsmethode, einfach kategorisch zu verbieten und – bei Zuwiderhandeln – zu strafen , ist bestimmt einfach. Die »neue«, bei der überhaupt nicht diszipliniert wird, ist noch einfacher. Eine Mischung aus beiden ist die denkbar schlechteste Lösung – und gerade die wird immer häufiger praktiziert.

Weil die Eltern ohnehin gestreßt sind und einfach nicht »die

Nerven« haben, sich mit ihrem Nachwuchs auseinanderzusetzen, weil sie es als Kinder nicht besser gelernt haben – und letztendlich weil sie selbst nie wirklich »erwachsen« geworden sind.

Kindlicher Narzißmus

Psychologen orten ihn allgegenwärtig, den »kindlichen Narzißmus« – jeder ist sich selbst der Nächste, die ganze Welt dreht sich wie ein Karussell nur um die eigene Person. Ob sich bei immer neuen »Talkern« immer neue Frauen und Männer freimütig zu ihren sexuellen Obsessionen, ihrer Freß- oder Brechsucht, ihrer Kahlköpfigkeit oder Kleptomanie bekennen; ob via TV gestritten oder via Internet geboren wird, ob die reifen Nachbarn ihre geschlechtlichen Bemühungen per Video auch anderen zugänglich machen oder ein ganz junges Pärchen im WWW seine Unschuld verlieren möchte: Wir stellen uns mit kindlichem Selbstdarstellungsdrang zur Schau – und schauen mit ebenso kindlicher Neugier zu.
Und nicht nur die Medien leben bestens vom universellen Gesellschaftsspiel »Zeigst du mir deins, zeig ich dir meins«. Vom kindlichen Narzißmus leben ganze Industrien: Autos und Kosmetika, Textilien und Elektrogeräte, Foto, Video und HiFi, die Hersteller von Schokoriegeln, Knabbergebäck und Energydrinks – selbst bei Nachsicht aller Taxen würde für die geistige Erbauung und den kreativen Ausdruck von Persönlichkeit viel weniger von der ganzen Konsumgüterpracht genügen. Unser infantiler Spieltrieb sorgt indes für immer neue Varianten des Immergleichen – und dafür, daß der Rubel rollt.
Verantwortungsvolle Geister mahnen vergeblich zur Selbstbeschränkung und dem sinnvollen Nützen der natürlichen Ressourcen. Dem allgemeinen egomanischen Spieltrieb gebieten Moralpredigten dieser Art nicht im geringsten Einhalt.
Einst hat man geglaubt, daß mehr Freizeit und Wohlstand den Menschen moralisch erheben könnten – nicht nur ein Volk

von Dichtern und Denkern wurde von den Sozialreformern des 19. Jahrhunderts erträumt, sondern gleich eine ganze universell interessierte und allseits gebildete Weltbevölkerung. Daß das Konzept schiefgelaufen ist, kann heute jeder sehen. Wissen ist – zumindest in den westlichen Industriestaaten – zugänglich wie nie zuvor, die universellen Kommunikationsmöglichkeiten haben die große, weite Welt zum »global village« schrumpfen lassen. Doch die meisttelefonierte Botschaft per Handy lautet: »Ich bin hier, wo bist du?«, und das bei weitem meistgenutzte Angebot im Internet ist die Pornografie.

Spaß muß sein

Doch auch dort, wo eigentlich über solche enttäuschenden Fehlentwicklungen reflektiert werden sollte, geht's allzu oft kindisch zu. Besonders plakativ zeigt sich die generelle Infantilisierung im boomenden Randbereich Psycho-Esoterik: »Das innere Kind« hält sich dort als Dauerbrenner. Selbsterfahrungsseminare, Psycho-Workshops, Rebirthing und Rückführung beschäftigen, im Doppelsinn, Zigtausende Männer und Frauen. Die fortdauernde Nabelschau – auch wenn's ums Innenleben geht, ist der Weg das Ziel – schmeichelt dem Ego, befriedigt den Narzismus und ist allemal bequemer als die – ab und zu bestimmt wirklich nötige – echte Auseinandersetzung mit dem eigenen Ich und dessen Problemen.
»Entdecke das Kind in Dir!« lädt da zum Beispiel ein Therapeutinnen-Duo ein. Weiter: »Ziel des Seminars ist es, für unser inneres Kind sorgen zu lernen und aus seinem Potential Kraft zu schöpfen.« Energie – wer braucht die nicht? – wird versprochen und – natürlich – Kreativität. Denn die gibt uns die Möglichkeit, »unser Leben wie unser eigenes Kunstwerk zu gestalten«. Ganz schön verspielt das Ganze, und daß die Seminarteilnehmer sich mit Decke, Polster, dicken Socken und einem Kinderfoto im Kindergarten des »Business Park Vienna« einfinden sollen, ist eigentlich nur noch logisch.

Die einen wollen mit dem Kind in sich gut Freund werden, die anderen leben es einfach aus: Unsere »Freizeitgesellschaft« bietet nie gekannte Vergnügungen, die meisten sind wohlfeil und für jedermann zu haben. Fernsehen rund um die Uhr, via Kabel, Satellit oder auch schon digital. Sonderangebote in jeder Videothek, Internet. Städteflüge und Fernreisen superbillig, dazu Bungeejumpen, Inline-Skaten, Rafting, Windsurfen, Paragliden oder Tandem-Fallschirmspringen.
Und damit man vom Leben auch wirklich »etwas hat«, gibt's Shopping total in Riesen-Einkaufszentren, lange Öffnungszeiten und noch »längeren Samstag«. An jeder Ecke winkt das Glück, im Wettbüro, im Automatencasino, beim »großen« Lotto jetzt schon zweimal die Woche und beim »kleinen« sogar dreimal. Dazu Toto, Rubbellose und im Fernsehen »Moneymaker uuuhhh!«. Auch die diversen Radiostationen werfen mit Geld nur so um sich, das Leben ist ein Gewinnspiel – und was für eines. Selbst Herzen lassen sich gewinnen – im Blindversuch beschert uns »Herzblatt« Beziehungskisten am laufenden Band.

Ihr da oben – wir da unten?

Daß hinter dem Vergnügungswahnsinn Methode stecken könnte, um das Volk tumb zu halten, wittern kritische Geister schon länger, doch die Unterhaltungsindustrie boomt wie nie, und wer wollte ihr Einhalt gebieten? Ab- und sich ausschalten ist kaum möglich, »alles mit Maß und Ziel« warnen deshalb die Vernünftigen und raten, vor allem in Hinblick auf den Nachwuchs, zu einem kritischen und verantwortungsbewußten Umgang mit all der Unterhaltungsfülle.
Sie bleiben Rufer in der Wüste – das Glücksrad dreht sich immer schneller und bringt uns mit jeder Drehung wahrscheinlich ein Stück weiter weg vom tatsächlichen »Glück«.
Doch möglicherweise hat nicht nur der Wahnsinn Methode, sondern auch die Fluchtbewegung in ihn. Vielleicht flüchtet

das Millionenheer der »infantilen« auch so bereitwillig in eine Scheinwelt, weil es in der wirklichen einfach nichts zu melden hat. Für die wirklich wichtigen gesellschaftspolitischen Entscheidungen kann schon gar kaum wirklich Verantwortung übernommen werden – da klügeln »die da oben« und achten sehr genau darauf, daß ihnen »die da unten« ja nicht in die Quere kommen.
An drei Ereignissen der jüngsten Vergangenheit ist diese Tatsache exemplarisch abzulesen: In Österreich gab es in den Jahren 1996 und 1997 drei Volksbegehren zu den Themen »Frauenrechte«, »Tierrechte«, »Gentechnik«: Die beiden ersten erreichten rund eine halbe Million, letzteres sogar über eine Million Unterschriften. Dennoch wurden alle drei »Volksentscheide« nicht einmal ignoriert – die Stimmen von rund zwei Millionen Bürgern verhallten ungehört und zeitigten keinerlei Konsequenzen. In anderen westlichen Staaten ist die Situation ähnlich: Demokratie existiert auf dem Papier, de facto wird die Politik vom Lobbying »einflußreicher Kreise« bestimmt.
In früheren Zeiten haben sich die Entrechteten häufig in ein »Biedermeier« zurückgezogen – Privatheit statt öffentliches Engagement, Familie statt Politik. »Familie« scheint bei den Politik-Verdrossenen heute kaum in Mode zu kommen, möglicherweise, weil ihnen andere Möglichkeiten zuhauf geboten werden. Vielleicht aber auch, weil Isolation und Pessimismus größer sind als zu anderen Zeiten. Wer das Gefühl hat, auf einem Vulkan zu tanzen, kann das durchaus genießen. Möglicherweise will er – oder sie – anderen ein Leben in einer solchen Welt aber doch ersparen. »Ich habe eigentlich schon Spaß am Leben«, erzählt Elvira K., »aber ich habe gleichzeitig das ganz intensive Gefühl, daß das nicht von Dauer sein kann. Daß wir die Rechnung präsentiert bekommen, daß das dicke Ende kommt. Ich habe kein Vertrauen in die Zukunft, weil heute alles so global ist. Man kann sich nicht ausschließen,

ganz gleich ob es um die Wirtschaft geht oder um die Umwelt, heute ist jeder auf der Welt von allem betroffen. Und man kann sich auch nicht wehren, Demokratie ist nur ein Wort. Ich habe keine Kinder, weil ich glaube, daß schlechte Zeiten kommen und ich möchte sie vor dem, was uns noch bevorsteht, bewahren.«

»Zukunftsangst« ist eine Realität, und vieles deutet darauf hin, daß der Pessimismus keinesfalls der Grundlage entbehrt. Ebenso wie das Gefühl, den Ereignissen machtlos ausgeliefert zu sein und sein Schicksal nicht steuern zu können. Daß sich viele – wie Elvira K. – unter diesen Umständen in die »Spaßgesellschaft« verabschieden, kann nicht verwundern. Den »oberen« ist's nur recht, sie fördern das »Infotainment« mit Brot und Computerspielen. Solange »das Volk« mit der Fernbedienung beschäftigt ist, läßt es sich auch politisch bequem fernsteuern.

»Schon wieder eine Verräterin!«

Wenn die beste Freundin Mutter wird

»Carolin hat jetzt auch ein Baby bekommen. Schon wieder eine Verräterin!« Isabella spricht mit leiser Ironie, doch ihre Aussage hat auch etwas Süffisantes – und etwas Todernstes obendrein. Es gibt ihn, den »Club der Kinderlosen«. Sie existieren, jene Frauen, die bewußt keine Kinder haben – nicht weil es ihnen am passenden Mann mangelt oder am Geld, sondern aus einer ganz persönlichen Entscheidung heraus. Und denen Frauen mit »Mutterrolle« nicht ganz geheuer sind.

Auch Petra J. fühlt sich mit ihrer Freundin seit deren Entbindung nicht mehr d'accord: »Wir waren immer ein Duo, alles haben wir gemeinsam gemacht seit der Schulzeit. Kein Junge, kein Mann konnte uns auseinanderbringen. Auch als wir beide geheiratet haben, sind wir ganz enge Freundinnen geblieben. Und es war für uns immer klar, daß wir nicht in diese ›Familienfalle‹ gehen würden. Wir haben uns über die ›Glucken‹ immer lustig gemacht, die außer ihrem Nachwuchs nichts mehr im Kopf haben. Und dann ist sie schwanger geworden, eigentlich unfreiwillig, und wollte plötzlich dieses Kind. Ich finde den Kleinen ja auch lieb, aber sie ist nicht wiederzuerkennen. Irgendwie ist der Faden zwischen uns gerissen – es geht eigentlich gar nicht um das Baby, sondern darum, wie sie selbst sich verändert hat.«

Nichts mehr, wie es war?

Wie verändern sich Frauen, wenn sie Mütter werden? Gegebenenfalls sind sie ganz schön einsam. In diversen Ratgebern heißt es denn auch sinnig, die junge Mutter solle – trotz oder gerade wegen des anstrengenden Alltags mit dem neuen Erdenbürger – unbedingt darauf achten, ihre sozialen Kontakte weiterzupflegen, sich regelmäßig Freizeit schaffen für Aktivitäten mit Freunden.

Doch häufig beruhen die Einsamkeitsgefühle keineswegs nur auf einem Mangel an Kontakt, sie sind vielmehr durch eine echte Entfremdung bedingt. »Es ist seltsam, aber ich habe das Gefühl, daß sich viele meiner Freundinnen von mir zurückziehen, seit ich das Baby habe«, klagt Marion S. – und diese Erfahrung teilt sie mit vielen werdenden und jungen Müttern.

Natürlich unterscheidet sich der Alltag – und im folgenden auch das Denken und Fühlen – einer Frau mit Kind entscheidend von dem einer Kinderlosen. Schon die Schwangerschaft, die körperlichen Veränderungen sind für eine Frau, die nie schwanger war, kaum nachzuvollziehen – ebensowenig wie später das Leben mit dem Säugling, die aufregenden ersten Monate seiner Entwicklung, später Erziehungs-, noch später Schulprobleme. Doch nicht nur der reale Alltag trennt Frauen mit und Frauen ohne Kinder.

»Selbstverständlich akzeptiere ich, wenn sich eine Frau für Kinder entscheidet. Aber es geht mir auf die Nerven, wenn sie dann dafür gelobt werden will«, erzählt eine überzeugte »Kinderlose«. »Es war schließlich ihre freie Entscheidung, sie wurde nicht zum Kinderkriegen gezwungen. Ich mag Frauen nicht, die sich ihre Mutterschaft wie einen Orden umhängen. Ich glaube, daß Frauen, die nach der Geburt eines Kindes unter Isolation leiden, die sich beklagen, daß ihre Freundinnen sich zurückziehen, sich das oft selbst zuzuschreiben haben. Sie wollten ein Kind – okay, sie haben jetzt eines. Warum wollen sie dafür bewundert oder gar bemitleidet werden?«

Tatsächlich bekommen kinderlose Frauen immer wieder zu hören, »wie gut sie es haben«. »Mir geht das auf die Nerven«, erzählt eine der »Glücklichen« ohne Kind. »Ich selbst bin voll berufstätig und bin in meiner Freizeit in einer humanitären Vereinigung aktiv. Eigentlich bin ich rund um die Uhr beschäftigt. Mit geht das Getue vieler Mütter auf die Nerven. Schließlich haben sie ihre Kinder ja freiwillig bekommen – und bei etlichen habe ich das Gefühl, die Kinder sind gewissermaßen ihr erweiterter Egoismus. Sie kümmern sich nur um sich selbst und um ihr eigen Fleisch und Blut, alle anderen sind ihnen egal. Und dafür wollen sie noch Lob und Mitleid.«
Auch die mitunter »bedingungslose« Mutterliebe macht gegebenenfalls böses Blut. »Dieses betuliche Getue von manchen Müttern finde ich echt abstoßend«, bekennt eine junge »Kinderlose«, »sie starren wie hypnotisiert auf ihr Kind. Bei ganz kleinen Kindern ist das ja verständlich, aber größere sind oft wirklich unausstehlich, und ihre Mütter – oder auch Väter – finden das auch noch toll. Auch eine meiner Freundinnen hat ein wirklich nervendes Kind, erst sechs, aber schon total egomanisch. Und sie und ihr Mann sind ganz hingerissen von dem Sprößling, auch wenn die anderen sich nur noch mit Grausen abwenden. Sicher soll man seine Kinder gern haben, aber wenn sie etwas Mieses tun, muß man doch eingreifen.«
Eine »Kollegin« findet auch in materieller Hinsicht manche Ungereimtheiten. »Immer ist von den ›finanziellen‹ Opfern der Familien die Rede. Sicher, Kinder kosten Geld, aber es gibt doch auch viele staatlichen Vergünstigungen und Unterstützungsmöglichkeiten für Väter und Mütter. Ich bin alleinstehend und zahle ganz schön für Steuer und Sozialversicherung, ich habe wirklich nicht das Gefühl, mir auf Kosten der Frauen mit Kindern eine gute Zeit zu machen. Schließlich kosten Kinder auch der öffentlichen Hand Geld, zu dem auch ich mit meinen Steuer- und Sozialversicherungszahlungen beitrage.

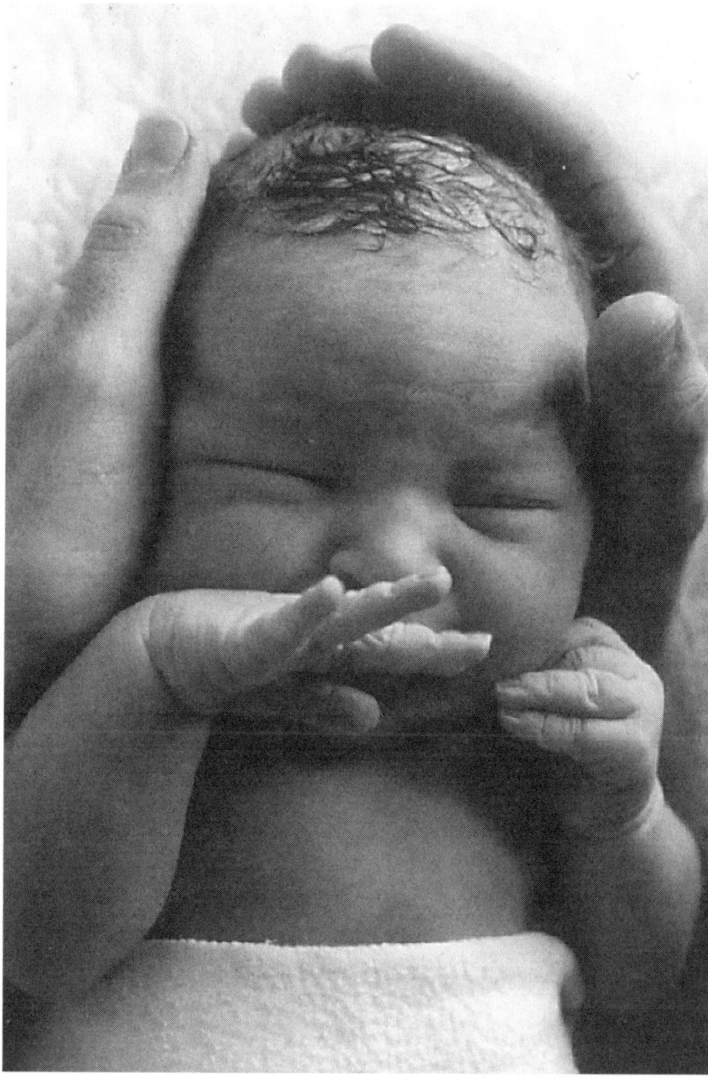

Hoffnungsträger oder Sorgenkind? Auf jeden Fall ein neuer Erdenbürger, der alles verändert. Die Beziehung von Vater und Mutter zueinander genauso wie die Beziehungen der Eltern zu Freunden, Verwandten und Bekannten – vor allem, wenn diese kinderlos sind.

Und ich nehme unzählige Dinge – von der Schule bis zur Kinderklinik – nicht in Anspruch, die für Kinder und ihre Eltern bereitgestellt werden. Das klingt vielleicht hart, aber es ist ganz einfach wahr.«

Mütter gegen Kinderlose und umgekehrt – diese Front besteht allemal, wenn sich die Angriffe auch meist hinter vorgehaltener Hand abspielen. Frauen mit Kindern blicken häufig scheel auf die »ungebundenen« Kinderlosen, die über Zeit und Geld frei verfügen können.

Und Frauen ohne Kinder haben ihre Ressentiments gegen die »gluckenhafte Mütterfraktion«.

Und möglicherweise haben diese Animositäten in so manchem Fall auch tiefenpsychologische Gründe.

Angst vorm Kind, Neid aufs Kind?

Kinder können das Lebensglück bedeuten, gegebenenfalls sind sie aber auch eine Last. Selbst glückliche Mütter wünschen sich manchmal – mit schlechtem Gewissen – »frei« zu sein. Verschärft sich die Lebenssituation, kann das Gefühl des In-der-Verantwortung-eingesperrt-Seins schon übermächtig werden.

Doch manchen Frauen machen Kinder auch dann Angst, wenn es gar nicht die eigenen sind. »Sehr kleine Kinder finde ich schon wirklich nett, da macht es mir auch gar nichts aus, wenn sie schreien, Säuglingen gegenüber habe ich wirklich sehr innige Gefühle, die möchte ich bemuttern. Aber schon wenn Kinder so acht, neun Monate alt sind, gehen sie mir eigentlich auf die Nerven. So etwas darf man natürlich nicht sagen, aber wenn ich ehrlich bin, sind das meine Gefühle. Selbstverständlich komme ich gut mit Kindern aus, ich glaube sie mögen mich sogar. Aber ich bin froh, wenn ich mich nicht mit ihnen abgeben muß. Wenn ich versuche, die Gründe für meine Abneigung zu finden, komme ich darauf, daß sie mir irgendwie Angst machen.« Geständnisse wie diese hört man

selten, schließlich gibt es ein stillschweigendes Übereinkommen, daß vor allem Frauen Kinder prinzipiell nett und anziehend finden müssen. Doch was steckt hinter der Angst vorm Kind? Warum bekommen die meisten Frauen beim Anblick von Kindern feuchte Augen, andere aber eine Gänsehaut?
Es wird behauptet, nicht der erste Intimverkehr mache ein Mädchen zur Frau, sondern die Mutterschaft. Wahrscheinlich ist das Frau-Werden eine bloße Alterssache, aber daß Männer ihre Frauen während der Schwangerschaft und als junge Mütter neu entdecken, davon wird immer wieder berichtet. Doch es gibt auch Frauen, die diese Verwandlung fürchten. »Irgendwie fühle ich mich gut, weil ich kein Kind habe. Ich meine im körperlichen Sinn. Es klingt vielleicht blöd, ich fühle mich irgendwie geschlossen, jungfräulich, obwohl ich das natürlich nicht bin. Aber irgendwie bin ich doch ›unberührt‹ und das gibt mir ein großes Gefühl der Sicherheit, ein ganz intensives Ich-Gefühl«, bekennt eine Kinderlose freimütig und trifft damit vielleicht einen wesentlichen Punkt des Phänomens »Kinderlosigkeit«. »Ich will so bleiben, wie ich bin«, das kann auch bedeuten, keine Kinder zu haben – und sich dadurch zumindest ein Stück der eigenen Kindlichkeit zu bewahren.
»Nicht erwachsen werden wollen« ist ja ein genereller Zug der Zeit, besonders drastisch zeigt er sich im immer häufigeren Krankheitsbild »Magersucht«. Immer mehr Mädchen verweigern unbewußt die Entwicklung zur »Frau«, weil sie sich den Anforderungen, die diese mit sich bringt, nicht gewachsen fühlen. Doch es gibt auch mildere Formen – und unverfänglichere Indizien – für die weibliche Indentitätskrise: Bezeichnenderweise nennen sich Frauen – auch solche jenseits der 40er – heute gern gegenseitig »Mädels«.
Frauen, die aus dem Kreis der »Verweigerinnen« ausbrechen, schwächen diesen – und wirken – unbewußt – provozierend. Sie sind »Verräterinnen«, weil sie zur »anderen Seite« überlaufen.

Im psychoanalytischen Modell wird angenommen, daß eigentlich jede Frau Mutter werden möchte – glaubt man dem soziobiologischen Konzept des »egoistischen Gens«, ist das ebenfalls wahrscheinlich. Sich fortpflanzen zu können ist nicht nur ein Grundrecht, sondern auch ein Grundtrieb – wer freiwillig darauf verzichtet, trägt ihn dennoch in sich.
Und möglicherweise steckt hinter der Abneigung vom »Club der Kinderlosen« gegenüber »Verräterinnen« doch auch so etwas wie der »Neid der Besitzlosen«.
Als »Erfüllung des Lebens« wurden Kinder seit jeher betrachtet, und in gewissem Sinn sind sie das bestimmt. Heute können Frauen und Männer ihr Leben auch anders »erfüllen« – die Möglichkeiten reichen vom sinnlosen »Anfüllen« durch hemmungslosen Konsumismus bis zu echter »Sinnstiftung« durch altruistische oder karitative Aktivitäten. Irgendwo strebt aber wahrscheinlich in jedem etwas nach dem primären, eigentlich selbstverständlichen »Sinn des Lebens« – nämlich danach, dieses Leben aufrechtzuerhalten, indem man es weitergibt.
Frauen mit Kindern mögen – zeitweise – die »freien« Kinderlosen mit neidischen Blicken verfolgen. Doch auch die blicken – vielleicht nicht immer bewußt – neiderfüllt zurück.

Neue Männer braucht das Land

Von ungebundenen Mitarbeitern, stolzen Vätern und betrogenen Partnern

»Ich hätte immer gern Kinder gehabt, ich liebe Kinder einfach. Wenn ich diese netten Kindersachen sehe, stelle ich mir immer vor, wie meine Töchter darin aussehen würden. Schon als kleines Mädchen habe ich von einer Familie geträumt. Aber ich habe einfach nicht den richtigen Mann gefunden.«

Ines P., Sonderschullehrerin

Auch heute kommt – trotz der angeblich immer häufigeren »neuen Väter« – der Kinderwunsch so gut wie immer von den Frauen. Sie will ein Baby, er ist einverstanden – häufig »ihr zuliebe«. Gegebenenfalls schlägt die Toleranz dann doch in echte Begeisterung um. »Ich hätte nie gedacht, daß ich meine Tochter so lieben würde. Meine Frau wollte ein Baby, und so haben wir eben eines bekommen. Selbstverständlich wollte ich es auch gern haben, aber daß es so wunderbar ist, mit einem Kind zu leben, hätte ich nicht gedacht«, schwärmt ein begeisterter Vater. Er ist froh darüber, daß er seiner Frau »den Willen gelassen« hat.

Doch nicht immer können sich Männer zu diesem Schritt durchringen: »Wir waren lange zusammen, über zehn Jahre. Ich wollte immer Kinder, er konnte sich einfach nicht entscheiden. Meine Zeit ist langsam, aber sicher abgelaufen. Da habe ich gewußt, jetzt oder nie. Eigentlich war sein fehlender Wunsch nach Kindern entscheidend dafür, daß ich ihn verlassen habe. Heute bin ich glücklich verheiratet und habe zwei wunderbare Söhne.«

Sex ja – Kinder nein?

Möglicherweise waren Männer in früheren Zeiten auch nicht mehr oder weniger an Kindern interessiert als heute. Doch abgesehen von gesellschaftlichen und ökonomischen Zwängen führte schon der Sexualtrieb zwangsläufig zu Nachwuchs: Legaler Sex war nur in der Ehe möglich, ein »anständiges« Mädchen wollte erst geheiratet werden, bevor es sich »hingab«.

Heute ist Sex allgemein etwas unkomplizierter, kein Mann muß eine Familie gründen, um seine sexuellen Bedürfnisse zu befriedigen.

Selbstverständlich wird auch heute noch aus Liebe geheiratet, und »wilde« Ehen erweisen sich mitunter sogar als haltbarer als legalisierte Beziehungen; und selbstverständlich werden auch »Kinder der Liebe« geboren. Doch die äußeren Zwänge für die Familiengründung fallen weitgehend weg – und das schlägt sich eben auch nieder.

Die nach wie vor gängige Sicht der Dinge ist, daß die Väter ihre Liebe zum Nachwuchs erst entdecken, wenn die Kinder größer sind und sie »etwas mit ihnen anfangen« können. Doch die Erfahrung zeigt, daß Väter, die schon die Schwangerschaft bewußt miterleben und die viel Kontakt zum Neugeborenen haben, durchaus zu »mütterlichen« Gefühlen fähig sind.

Allerdings müssen sie sich erst zur Vaterschaft entschließen.

Wobei der prinzipielle Wunsch, Kinder zu haben, gar nicht so selten besteht. Nach einer 1997 veröffentlichten Studie des Instituts für Demographie der österreichischen Akademie der Wissenschaften hätten 64 Prozent der Männer gern ein oder gar mehrere Kinder – und zwar nicht in ferner Zukunft, sondern zum Zeitpunkt der Umfrage oder in der allernächsten Zeit. Auch Männer, die bereits Vater eines Kindes sind, würden häufig weiteren Nachwuchs befürworten – immerhin 58 Prozent der befragen Ein-Kind-Paare hätten gern zumindest ein weiteres Kind.

Ein Stadt-Land-Gefälle ist allerdings zu beobachten: Mehr Kinder wünscht man sich eher in kleineren Gemeinden, in den Ballungsräumen ist der Kinderwunsch geringer.

Die Wohnsituation kommt letztendlich auch zum Tragen, wenn es um die reale Umsetzung des Kinderwunsches geht: Ein Drittel der Befragten gab an, auf – weitere – Kinder zu verzichten, weil die Wohnverhältnisse zu beengt wären. Und auch die zu große finanzielle Belastung wurde von einem Drittel als Grund für den Verzicht aufs Kind genannt.

Daß Kind und Beruf nicht zu vereinbaren wären, argumentierten 39 Prozent der befragen Frauen. Bei den Männer fürchteten in dieser Hinsicht – bezeichnenderweise – nur 17 Prozent Probleme: Kinder kriegen und haben ist eben in erster Linie immer noch Frauensache. Gegebenenfalls bekommen aber auch Väter im Job Probleme.

Vater sein – nicht gut fürs Image?

Noch in den 60er Jahren war eine intakte Familie nahezu eine unabdingbare Voraussetzung für eine Karriere. Männer, die »nach oben« wollten, hatten darauf zu achten, sich zeitgerecht zu verheiraten – und zwar mit einer hübschen, freundlichen Frau, die sich bei Dinner-Partys als perfekte Gastgeberin empfahl und im Small talk mit den Gattinnen der Kollegen und Vorgesetzten glänzte. Bevorzugte Themen: Kochen, Kleider und – Kinder. Hatte der ehrgeizige Karrieremann die 30 erreicht, sollte er zumindest mit einem kleinen Mädchen und einem kleinen Jungen aufwarten können, zwei bis drei Kinder waren das Ideal.

Nur Familienväter galten als zuverlässige, gefestigte Charakte-

re, als »Stützen der Gesellschaft«. Einfach nur »verheiratet sein« war nicht genug, erst Kinder stellten sicher, daß die patriarchalische Ordnung gewahrt blieb, auf der schließlich das gesamte Gesellschaftssystem beruhte.
Wer nicht verheiratet war, allein lebte oder gar in »wilder Ehe«, zeigte, daß er es mit den gesellschaftlichen Normen nicht so genau nahm, er zeigte deviantes Verhalten, verriet anarchistische Tendenzen, vielleicht sogar echte Subversivität.
Nicht von ungefähr gingen die gesellschaftlichen Wandlungen der 60er Jahre mit der sogenannten sexuellen Befreiung Hand in Hand. »Wer zweimal mit der selben pennt, gehört schon zum Establishment«, lautete die Devise, »Familie« war megaout, sie war Symbol und kleinste Vollzugseinheit eines – wie die intellektuelle Avantgarde meinte – ungerechten und unterdrückerischen »Systems«. Und als verachtenswertester Repräsentant der Familie galt – selbstverständlich – der Familienvater.
Später hatten dann auch die »jungen Wilden« Kinder, man experimentierte mit neuen Lebensformen. Und auch wenn diese radikalen Veränderungen nur eine zahlenmäßig unbedeutende Gruppe betrafen, so zeigten sie doch Auswirkungen auf alle Gesellschaftsschichten. Die gesellschaftlichen Zwänge lockerten sich – inzwischen entstanden auch die »neuen Männer«, doch im »Wirtschaftsraum« haben die wenig zu melden. Dort ist – vor allem seit sich in den letzten Jahren der sogenannte Neo-Liberalismus zunehmend durchsetzt – nur noch der universell einsetzbare, durch keinerlei Bindungen »behinderte« Mitarbeiter gefragt.
Sicher, ein Mann kann auch Familie haben – doch er hat dafür zu sorgen, daß man an seinem Arbeitsplatz tunlichst nichts davon merkt.

Job statt Kind?

Interessant in diesem Zusammenhang ist eine Untersuchung des Staatsinstituts für Familienforschung der Universität Bam-

berg. Die deutschen Wissenschafter haben 1 500 Paare innerhalb von sechs Jahren viermal befragt.
Das erste Interview fand unmittelbar nach der Heirat statt, festgestellt sollte unter anderem werden, wie sich die Geburt eines Kindes auf das »Zeitmanagement« der Männer auswirkte. Interessanterweise erhöhte sich bei allen jungen Vätern die Zeit, welche sie im Job verbrachten: Im statistischen Durchschnitt verbrachten sie vor der Geburt ihres Kindes 8 Stunden und 57 Minuten auf dem Arbeitsplatz, danach 9 Stunden und 12 Minuten.
Die Sozialwissenschafter führten das verstärkte berufliche Engagement auf die finanzielle Situation junger Familien zurück: Da das Einkommen der Kindesmutter wegfällt, muß der Kindesvater mehr malochen.
Laut der Studie verbringen die »jungen Väter« dennoch wochentags rund eineinhalb Stunden mit Tochter bzw. Sohn, am Wochenende sogar zwei bis drei Stunden. Gewickelt und gebadet wird der Nachwuchs allerdings doch eher von der Mutter, der Vater nimmt sich lieber Zeit fürs Spielen.
Dennoch ist für immer mehr Väter das »Kinderhaben« nicht einfach eine »Spielerei«. »Bewußt Vater sein« wollen sie und sich nicht auf die Rolle als Geldverdiener und »Schreckgespenst« – »Warte, wenn der Papa heimkommt!« – beschränken.
Doch die ökonomischen Umstände sind nicht so – sie machen es nur selten möglich, daß Männer ihren Familien die Zeit widmen können, die sie eigentlich möchten. Wobei die politischen Rahmenbedingungen allerdings sehr wohl großen Einfluß haben: In Schweden, wo die Sozialgesetzgebung trotz gewisser Einsparungen in den letzten Jahren nach wie vor beispielgebend ist – ebenso wie die Gleichstellung von Mann und Frau –, gehen immerhin 20 Prozent der Väter in die »Babypause«, in Österreich wird die »Väterkarenz« gerade von nicht ganz einem Prozent der Männer wahrgenommen, in Deutschland von mageren 2 Prozent.

Väter statt Mütter?

Seltsamerweise zeigt sich das zunehmende väterliche Engagement besonders deutlich im Fall einer Scheidung. Zunehmend wehren sich Väter gegen die »unbedeutende Nebenrolle«, die sie nach der Trennung von der Ehefrau im Leben der gemeinsamen Kinder spielen sollen.

War es früher ganz selbstverständlich, daß nach einer Scheidung die Kinder zur Mutter kamen und der Vater höchstens als Alimentenzahler relevant war, so pochen heute die »Erzeuger« vermehrt auf ihre »Rechte«. Und immer häufiger klagen geschiedene Väter, daß ihre Ex-Frauen die Kinder als Druckmittel einsetzen würden: Kontakt gäbe es nur bei Willfährigkeit. Es wurden sogar bereits Vereine begründet, die den Ansprüchen von Scheidungsvätern auf ihre Kinder mehr Gehör verschaffen sollen.

Es mag sein, daß manche Väter so nur einen »Rosenkrieg« prolongieren wollen – nicht zuletzt auch auf Kosten der »umstrittenen« Kinder. Doch gegebenenfalls kämpfen sie wirklich darum, ihren Kindern Vater sein zu dürfen. Schließlich ist es auch längst nicht mehr so, daß immer der männliche Partner die Familie verläßt oder Frau und Kinder so drangsaliert, daß diese das Weite suchen müssen.

»Als meine Frau mir mitgeteilt hat, daß sie diesen anderen Mann liebt und nicht mehr mit mir zusammenleben möchte, war ich wie vor den Kopf gestoßen. Meine Familie, meine Frau und mein Sohn waren immer das Wichtigste in meinem Leben«, berichtet der Computerfachmann Klaus M., »ohne die Hilfe guter Freunde hätte ich die Trennung gar nicht durchgestanden, ich war mir ja wirklich keiner Schuld bewußt, habe meine Frau nie betrogen und mich immer darum bemüht, meiner Frau und dem Kind so viel wie möglich zu bieten. Schockiert war ich über die plötzliche Gefühlskälte meiner Frau, ich hatte immer gedacht, wir hätten eine wirklich gute, auch freundschaftliche Beziehung. Sie hat mir aber offen

Ein Herzeige-Vater. Doch »Karenz-« und »Erziehungsurlaub« sind nach wie vor eine Rarität. In Deutschland bleibt gerade jeder fünfzigste Vater daheim beim Baby, in Österreich nicht einmal jeder hundertste.

gedroht, sie würde dafür sorgen, daß ich meinen Jungen nicht sehen kann und ihn mir entfremden, wenn ich ihm sagen würde, was der Grund für unsere Trennung war. Ich mußte auf diese Forderung eingehen und auch auf ihre sehr hohen finanziellen Ansprüche, weil ich mein Kind nicht verlieren wollte. Selbstverständlich hätte ich versuchen können, meine Ansprüche gerichtlich durchzusetzen, aber das wollte ich meinem Sohn nicht antun.« M.s einziger Trost: »Auch mein Sohn kann den ›Neuen‹ nicht ausstehen!«

Wenn die Liebe geht ...

Immer häufiger verlassen Frauen ihre Männer, weil sie die Partnerschaft als nicht erfüllend erleben. Als »kritischstes« Ehejahr gilt heute auch nicht mehr das »verflixte siebente Jahr«, sondern das vierte – hier zeigen sich häufig die ersten, tiefen Risse. Möglicherweise kommt dabei unser biologisches Erbe zutage: Denn nach soziobiologischen Forschungen sind Frauen keineswegs so monogam, wie Männer sie – und häufig auch sie sich selbst – haben wollen. Frauen sind zwar nicht – wie viele Männer – richtig »polygam« veranlagt, aber für sie gilt, was die ebenso geistreiche wie freizügige Hollywood-Diva Mae West schon in den Roaring Thirties so treffend auf den Punkt brachte: »Eine Dame sollte nur einen Mann haben? Sie meinen, nur einen auf einmal!«

Tatsächlich gibt es Hinweise darauf, daß Frauen dazu tendieren, alle vier Jahre den Partner zu wechseln. Nach vier Jahren läßt – erwiesenermaßen – die sexuelle Anziehungskraft nach, Frau entdeckt, daß auch andere Mütter schöne Söhne haben. Der biologische Hintergrund: Nach vier Jahren wäre ein Kind soweit herangewachsen, daß eine neue Schwangerschaft ohne allzu große Belastungen wieder möglich wäre. Und um die genetische Vielfalt bei ihren Kindern und damit deren Überlebenschancen – und auch die Überlebenschancen der eigenen Gene – zu erhöhen, wäre es biologisch durchaus sinnvoll, für das nächste Kind einen neuen Vater zu wählen.

Selbstverständlich sind diese »ererbten« Verhaltensweisen von Frau zu Frau verschieden stark ausgeprägt, und sie wurden und werden durch eine Vielzahl von kulturellen Faktoren modifiziert. Dennoch können sie in der Entwicklung einer Beziehung eine entscheidende Rolle spielen – dann nämlich, wenn sich die Verliebtheit der ersten Jahre nicht zur dauerhaft-freundschaftlichen Liebe wandelt.

Möglicherweise scheitert das Ideal der »Liebe fürs Leben« mit dem »Traummann« und den von ihm gezeugten Kindern nicht nur an den »unzureichenden« Männern, sondern gegebenenfalls auch an den Frauen selbst.

Kein Nachwuchs in diese Welt

Kinderlosigkeit als Zivilisationskritik

»Es klingt vielleicht klischeehaft, aber ich möchte keine Kinder in diese Welt setzen. Ich beschäftige mich intensiv mit den ökologischen Problemen, und ich fürchte, daß sie in den nächsten Jahren weiter dramatisch zunehmen werden. Luft, Trinkwasser, Boden, Klima – die wesentlichsten natürlichen Ressourcen werden nach wie vor rücksichtslos zerstört. Und das wird auch politische Konsequenzen haben. Aber es ist kein Umdenken zu bemerken, außer Gerede tut sich nichts. Wir hier in Mitteleuropa leben ja noch ganz angenehm, aber ich glaube, auch das wird sich ändern.«

Doris N., Büroangestellte

Daß wir die Erde nicht besitzen, sondern sie nur von unseren Kindern geliehen haben, ist ein gern genanntes Zitat, wenn es um die Gefahren der Atomindustrie, die Zerstörung der Ozonschicht oder um andere ökologische Bedrohungen geht. Doch de facto ist der Umgang mit diesem Erbe alles andere als rücksichtsvoll.

One World?

1972 veröffentlichte der Club of Rome seinen ersten »Bericht zur Weltlage«: »Die Grenzen des Wachstums« zeigte erstmals in umfassender und komprimierter Form auf, daß die rücksichtslose Ausbeutung der natürlichen Ressourcen in letzter Konsequenz das Überleben des Menschen – und auch das zahlreicher anderer Spezies – verunmöglichen könnte.

Seither ist mehr als ein Vierteljahrhundert vergangen, dem »Umweltschutz« sind in den meisten Staaten der Erde Ministerien gewidmet worden, dennoch sind unsere Lebensgrundlagen nach wie vor bedroht – und in mancher Hinsicht vielleicht noch gefährdeter als damals.

Im jüngsten Club-of-Rome-Report, »Mit der Natur rechnen«, wird eine keineswegs ermutigende Bilanz gezogen: Mittlerweile hat der Mensch bereits 12 Prozent der »irdischen Nettoprimärproduktivität« unwiderbringlich zerstört, weitere 27 Prozent dessen, was uns die Natur an organischer Substanz bietet, werden intensiv genutzt – steigt unser »Zugriff« auf die natürlichen Ressourcen nur geringfügig weiter, ist zu befürchten, daß das System tatsächlich »kippt«. Unwetter, Wassermangel, Mißernten könnten zu Hungersnöten, Seuchen und Naturkatastrophen ungeahnten Ausmaßes führen.

Hauptproblem der »Übernutzung« der Erde ist nach wie vor das Bevölkerungswachstum: Zu Christi Geburt lebten gerade 170 Millionen Menschen, um 1800 waren es 900 Millionen, um die Jahrhundertwende etwas mehr als 1,5 Milliarden, 1950 um die 2,5 Milliarden, zur Zeit sind es an die 6 Milliarden Menschen. Fürs Jahr 2025 sollen prognostizierte 8,5 Milliarden Menschen unseren Planeten bewohnen.

Doch nicht nur die schiere Zahl macht Probleme – im statistischen Durchschnitt verbraucht ein Amerikaner rund sechsmal soviel Energie wie eine Person in Indien. Auch wenn es zynisch klingt: In dem Maß, in dem sich das Wohlstandsgefälle vermindert, in dem Maß, in dem die Armen der Welt einen »westlichen« Lebensstandard erreichen, gestaltet sich der Zustand der Erde noch katastrophaler, als er ohnehin schon ist.

In manchen Bereichen sind wir ja bereits auf dem Weg in diese Richtung: Noch 1950 kamen auf ein Auto 46 Personen,

1994 betrug das Verhältnis bereits 1 zu 12. In den westlichen Industriestaaten wurden in den letzten Jahren durch technische Verbesserungen ein geringerer Treibstoffverbrauch und eine Schadstoffreduktion erreicht, doch weltweit gesehen sind Benzinverbrauch und Schadstoffausstoß enorm gestiegen.
Die tatsächliche Rolle des Menschen bei der Veränderung des Weltklimas wird zwar in jüngster Zeit heftig diskutiert, doch der im »Fischer Atlas zur Lage der Welt« zitierte Generaldirektor der Versicherungsgesellschaft Tokyo Marine and Fire, Shiro Horichi, kann bestimmt nicht der »Öko-Hysterie« verdächtigt werden. Er meint: »Es ist eine Tatsache, daß Naturkatastrophen, die bisher erwartungsgemäß einmal in einem Jahrhundert auftraten, in den letzten Jahren in verschiedenen Gebieten der Erde einmal pro Jahr auftreten. Es fällt schwer, dies für reinen Zufall zu halten.«

Leidet die Erde, leidet der Mensch

Tatsache ist, daß seit 1700 rund ein Viertel der Wälder der Erde abgeholzt wurde, und nie arbeiteten die Sägen so rasch wie in den letzten Jahrzehnten. Allein zwischen 1980 und 1990 wurden 130 Millionen Hektar geschlägert, was in etwa der vierfachen Landfläche Deutschlands entspricht. Wenn man bedenkt, daß 50 bis 70 Prozent aller Tier- und Pflanzenarten in den von diesem Raubbau besonders betroffenen tropischen Regenwäldern leben, gewinnt dieses Tatsache eine besondere Dimension.
Doch nicht nur die Wälder fallen menschlicher Mißwirtschaft zum Opfer: 53 Prozent der Grassteppen in Afrika, Asien, Nordamerika und Australien sind durch Überweidung und zu intensiven Ackerbau bereits zu Wüsten geworden.
Auch der »Hoffnungsraum« früherer Jahrzehnte, das Meer, ist nicht mehr, was es war: Nicht nur Science-fiction-Autoren, auch ganz seriöse Wissenschafter haben lange Zeit die Ozea-

ne als Nahrungslieferanten der Zukunft propagiert, ihre pflanzlichen und tierischen »Schätze« sollten Milliarden Menschen ernähren können. Mittlerweile haben eingeleitete Industriegifte – die Nordsee etwa ist tasächlich schon fast zur »Mordsee« geworden – und Überfischung – der »Arme Leute«-Fisch Hering wird bereits zum Luxusgut – auch diese Träume zerstört.

Wer glaubt, nur die sogenannte Dritte Welt würde unter der hemmungslosen Ausbeutung leiden, irrt: In Europa leiden 60 bis 80 Prozent der Landflächen unter der Übernutzung. Bodenverdichtung und -versiegelung, Vergiftung durch Schadstoffe, Insektizide und Herbizide machen Lebensräume zu Industrie-, Siedlungs- und Agrarwüsten.

Und die großräumigen Auswirkungen eines rein auf schnellen Profit gerichteten Handelns machen vor Staatsgrenzen ohnehin nicht halt: Klimaveränderungen oder die Ausdünnung der Ozonschicht betreffen uns alle. Die Auswirkungen sind bereits deutlich meßbar: Durch die Veränderung des Weltklimas hat die Zahl der Naturkatastrophen dramatisch zugenommen, Dürren, Überschwemmungen, Brände und Wirbelstürme treten im letzten Jahrzehnt weltweit gehäuft auf. Das Schwinden der Ozonschicht hat nicht nur negative Auswirkungen auf die Planktonbildung in den antarktischen Meeren. Daß Pinguine mangels Krill – der wiederum vom Plankton lebt – verhungern, mag viele kaum berühren. Als dramatischer wird da schon der Anstieg an Hautkrebserkrankungen – nicht nur in südlichen Ländern – empfunden.

Doch nicht nur der Haut-, auch der Kinderkrebs steigt rasant. Die Gründe dafür sind – noch – unbekannt, auch weshalb in den westlichen Industriestaaten Allergien und Autoimmunerkrankungen so zunehmen, ist der Wissenschaft noch ein Rätsel. De facto zeigt bereits jedes fünfte Kind in Deutschland und Österreich allergische Symptome, manche Ärzte setzen den Prozentsatz sogar noch höher an. Selbst wenige Monate

Zu wenige Kinder? In der sogenannten Dritten Welt herrscht kein Mangel an Nachwuchs. Nur: Elternliebe wird nicht ausreichen, um diesen Kindern eine gute Zukunft zu sichern.

alte Säuglinge leiden mitunter schon an Neurodermitis, Kindergartenkinder an Asthma.
Eine »Überchemisierung« des Alltags wird dafür verantwortlich gemacht, Chemie in Nahrung, Kleidung und Kosmetika verwirren das Immunsystem des Kindes – es rastet aus und bekämpft statt eindringender Krankheitserreger die körpereigene Substanz.

Kindermangel – Mangelkinder

»Zuwenig Kinder« werden in den westlichen Industriestaaten beklagt, doch denen, die es bereits gibt, geht es gesundheitlich immer schlechter. In unserer Wohlstandsgesellschaft nehmen die Wohlstandserkrankungen zu: Bewegungsmangel und Überernährung führen schon bei Kindern zu Übergewicht und in der Folge zu Kreislauf- und Stoffwechselerkrankungen. In anderen Weltteilen leiden Kinder an Entwicklungsstörungen, weil sie nicht genug zu essen bekommen: So liegt etwa in Indien, Bangladesh und Mauretanien der Wert bei unglaublichen 65 Prozent, in Guatemala weisen sogar beinahe 70 Prozent der Kinder Entwicklungsschäden durch Mangelernährung auf.
In zahlreichen Staaten Afrikas, aber auch in Asien und Südamerika sterben viele Kinder noch vor Erreichen des fünften Lebensjahres, die weltweit niedrigste Rate mit 6 per 1000 weist Japan auf, die höchste Afghanistan: Dort erlebt nahezu jedes vierte Kind seinen fünften Geburtstag nicht.
Trotz der hohen Kindersterblichkeit ist das Bevölkerungswachstum in solchen Staaten hoch – oder gerade wegen dieser: Untersuchungen haben gezeigt, daß umso mehr Kinder geboren werden, je geringer deren Überlebenschance ist. Damit wenigstens einige wenige Nachkommen überleben, werden viele in die Welt gesetzt.
In den westlichen Industriestaaten wird Kindermangel beklagt, in den ärmsten Ländern der Welt verschärfen hohe Geburten-

raten den Mangel noch. Und der Ruf nach »Umverteilung« erscheint heutzutage utopischer denn je – schließlich klafft auch in den Industriestaaten westlicher Prägung die Schere zwischen Arm und Reich immer weiter auf, entsprechend gering ist die Sensibilität für die Not »der anderen« in den wirklich armen Ländern der Dritten Welt.

Was »soziale Ungerechtigkeit« tatsächlich bedeutet, zeigen nüchterne Zahlen: Schließlich verdient ein durchschnittlicher Milliardär heute an die 200 Millionen Dollar pro Jahr, ebensoviel wie zwei Millionen Inder oder gar sechs Millionen Menschen in Zaire. 223 Milliardärsfamilien können sich auf ihren Konten pro Jahr die unglaubliche Summe von 45 Milliarden Dollar gutschreiben – sie verfügen damit über 2,6 Prozent des gesamten Welteinkommens.

Die Welt scheint in vielfacher Hinsicht »aus den Fugen« geraten zu sein: Zerstörung der natürlichen Lebensgrundlagen, steigende Armut, Kriege und Bürgerkriege führen auch zu immer neuen Flüchtlingsströmen. Rund 50 Millionen Menschen – auch viele Kinder – sind auf der Flucht, viele wollen in der »Festung Europa«, aber auch in anderen Wohlstandsländern Zuflucht finden – und sind dort denkbar unerwünscht.

Mit dem »Kindermangel« kann es also de facto nicht soweit her sein – und es kann nicht verwundern, daß kritische Geister angesichts der herrschenden – und drohenden – Verhältnisse sich entschließen, selbst keine Kinder in die Welt zu setzen. Wie etwa Ingeborg B.: »Da ich schon einmal lebe, möchte ich wenigstens möglichst wenig Anteil an dem allgemeinen Raubbau haben. Sicher, man könnte sagen: Warum bringst du dich dann nicht um, aber dafür bin ich doch zu egoistisch. Ich versuche mich also in meinem kleinen Bereich gegen den ganzen Wahnsinn zu stellen. Wenn man hier und heute in Europa lebt, ist das natürlich nur begrenzt möglich. Ich habe aber deshalb auch keine Kinder. Erstens weil ich sie nicht in diese Welt setzen möchte. Und zweitens weil ich nicht noch einen – oder gar mehrere – Konsumidioten heranzüchten möchte. Wenn mein Kind ein kritischer, verantwortungsvoller Mensch würde, hätte es immer zu leiden, weil alles so katastrophal den Bach hinuntergeht. Ich quäle mich ja auch oft ganz schön mit meinem Dasein, es ist alles zu deprimierend. Und wenn ihm das alles egal wäre, wenn es einfach nehmen würde, was es kriegen kann und sich nicht um andere Menschen, Tiere, Pflanzen, eben um die Welt schert, wäre es zwar persönlich glücklich, aber eben ein mieser Mensch. Ich möchte weder für das eine noch für das andere verantwortlich sein.«

Störenfriede, Störfaktoren

Kein Platz für Kinder – außer in Enklaven

Brauchen wir mehr Kinder? Eine Antwort auf diese Frage ist alles andere als einfach. Global gesehen brauchen wir sie sicher nicht: Immerhin sterben jährlich geschätzte 20 Millionen Kinder an Unterernährung und ihren Folgen, 250 Millionen Kinder müssen unter grauenhaften Bedingungen für den eigenen und den Lebensunterhalt ihrer Familien schuften und ruinieren sich dabei noch vor dem Erwachsenwerden die Gesundheit. In weiten Teilen der Welt herrscht de facto ein »Kinder-Überangebot«, unter dem niemand mehr leidet als diese Kinder selbst.

In den Industriestaaten westlicher Prägung wird dagegen moniert, daß nur bei einer erhöhten Geburtenrate das Sozialsystem aufrechterhalten werden könne. Doch bei genauerem Hinsehen tun sich eklatante Widersprüche auf: Nicht Kinder, sondern steuer- und sozialversicherungszahlende Erwachsene sind die Säulen unserer Staatsgefüge – und deren Zahl sinkt noch rascher als die Geburtenrate.

Kinder ohne Berufszukunft

In Deutschland überschritt die Arbeitslosenrate im April 1998 die Marke von 11 Prozent, in Österreich erreichte sie im ersten Quartal desselben Jahres immerhin bereits 8,7 Prozent. Und das bei günstigen »Umweltbedingungen« – ein milder Winter und ein sonniges Frühjahr hätten etwa in der Bauwirtschaft

Kinder-Los Ausbeutung

Von allen Formen der Ausbeutung von Kindern ist der sexuelle Mißbrauch wahrscheinlich die furchtbarste. In 13 Staaten Lateinamerikas, in 9 afrikanischen und in 11 asiatischen Ländern werden Kinder Opfer von Sex-Touristen aus den Industriestaaten. Laut UNICEF sollen 300 000 Kinder in Indien der Prostitution nachgehen, insgesamt etwa 100 000 auf den Philippinen, in Taiwan und Thailand, 40 000 in Pakistan und Vietnam, 30 000 in Sri Lanka.

Doch auch wenn Kinder nur als »gewöhnliche« Arbeitskräfte mißbraucht werden, hat das fatale Folgen für ihre körperliche, seelische und geistige Entwicklung. Dennoch führt die Tatsache, daß Güter in »Kinderarbeit« hergestellt wurden, keinesfalls zu ihrer offiziellen Ächtung: Gemäß dem internationalen Handelsabkommen der UNO (GATT) darf kein Staat den Import einer solchen Ware verbieten. Nur der Importeur kann freiwillig vom Import der in Kinderarbeit hergestellten Güter zurücktreten – dennoch wird immer wieder festgestellt, daß auch große Konzerne Profit mit Waren machen, die von Kindern in Sklavenarbeit erzeugt wurden.

und im Tourismus durchaus eine günstige Entwicklung ermöglicht.

Aber die Wirtschaft selbst hat ja keinen Grund zu klagen: Sowohl in Deutschland als auch in Österreich gibt's ein nicht unbeträchtliches Wirtschaftswachstum – Politiker und Ökonomen rätseln indes, warum dieses trotzdem nicht mehr Arbeitsplätze bringt.

Denn die Jobs werden immer weniger – vor allem für Ältere, Frauen, Jugendliche. »Zwei Drittel der Mütter schaffen es nach der Karenzzeit nicht mehr, in einen bezahlten Job zurückzufinden«, vermeldet im April 1998 die »Solidarität«, das Organ des Österreichischen Gewerkschaftsbundes.

Ein verringertes Familieneinkommen belastet die ganze Familie – auch die Kinder. Und nicht nur, weil materielle Sorgen das seelische Klima verschlechtern. Familien, die sich bestimmte Schulangebote – etwa Schullandwochen oder Kurse – nicht mehr leisten können, sind keine Seltenheit mehr.
Doch wenn die Schule »überstanden« ist, fangen die Probleme erst richtig an: In Deutschland stieg die Zahl der jugendlichen Arbeitslosen von 2,6 Millionen im Jahr 1991 auf 4,4 Millionen im Jahr 1997. 4 000 Lehrstellen zuwenig gab es österreichweit im Herbst 1997, 1998 sind es bereits 9 000 – Tendenz weiter steigend. Daß noch im Frühjahr 1997 auf Plakaten mit dem Slogan »Karriere mit Lehre« Maturanten aufgefordert wurden, nach der Reifeprüfung sich doch noch in einem Lehrberuf ausbilden zu lassen, zeugt nur einmal mehr vom zunehmenden Chaos auf dem Arbeitsmarkt.
Und der Mangel an Lehrstellen ist nicht etwa eine Naturkatastrophe, sondern in vielen Fällen echtes Kalkül. »Das Problem ist, daß wir es nicht mit Erwachsenen, sondern eben mit halben Kindern zu tun haben«, begründete etwa eine Vertreterin des Rank-Xerox-Konzerns Ende Mai 1998 die Tatsache, daß das Unternehmen keine Lehrlinge mehr ausbilden will. Die »halben Kinder« würden natürlich die Arbeitsabläufe stören, außerdem laufen ohnehin genug arbeitslose Erwachsene herum, deren Ausbildung nichts kostet.
Aber nicht nur Lehrlinge sind heute unnötiger Ballast. Vor der »Lehrlingsschwemme« gab's bereits die »Maturantenschwemme« – die sollte ja unter anderem durch die »Karriere mit Lehre«-Aktion abgefangen werden. Und an die Akademiker-Schwemme haben wir uns schon richtig gewöhnt.
Noch vor einigen Jahren konnte man einem studienwilligen Sprößling raten: »Ägyptologie ist nichts, studiere Jus, da kriegst du immer einen Job!« Heute gibt's schon für einen Juristen-Karenz-Aushilfsjob mit auf ein Jahr begrenzter Anstellung Hunderte Bewerbungen. Die Misere bei Medizin – jahrelange

Wartezeit auf den für den Studienabschluß unbedingt nötigen Spitalsturnus – hält schon seit mehr als einem Jahrzehnt an, und sogar gestandene »Realisten«, die sich als »Betriebswirte« nützlich machen wollen, sind heute auf dem Arbeitsmarkt chancenlos.

Doch selbst dort, wo der Bedarf an Arbeitskräften eindeutig festzustellen wäre, versagt die Arbeitsmarktpolitik: Während es Anfang der 90er Jahre etwa in Wien einen eklatanten Mangel an Volksschullehrern gab, sind wenige Jahre später zahlreiche Volksschullehrer arbeitslos. Obwohl nach der Geburtenstatistik eindeutig festzustellen ist, wie viele Kindern wann in die Volkschule eintreten, war die Gemeinde Wien nicht in der Lage vorauszuplanen. Einsparungen beim öffentlichen Dienst führten zu einer Erhöhung der Schülerzahl pro Klasse. Weit weniger Volksschullehrer als ursprünglich vorgesehen wurden deshalb nach Ende ihrer Ausbildung in den öffentlichen Dienst übernommen – nachdem sie drei Jahre die Schulbank gedrückt hatten und man ihnen dringend zu diesem Beruf geraten hatte.

Eltern, die Verantwortung für die Zukunft ihrer Kinder übernehmen möchten, haben's nicht leicht. Weder sie selbst noch ihre Söhne und Töchter können mit einem sicheren Arbeitsplatz rechnen, selbst die Ausbildung der Kinder kann nicht wirklich geplant und gesichert werden. Kein Wunder, daß sich immer mehr Männer und Frauen beim Ruf nach »mehr Kindern« taub stellen.

Kein Raum für Kinder

Doch auch wenn Frauen und Mütter einen sicheren Job haben, ist es meist nicht der, den sie wirklich wollen. Eine westdeutsche Umfrage ergab 1998, daß 55 Prozent der Frauen am liebsten »teilweise berufstätig« wären – ganz ohne Job würden sich 38 Prozent wohl fühlen, voll berufstätig möchten nur 17 Prozent sein. Doch Teilzeitjobs sind rar – und wenn vorhanden, sind sie meist wesentlich schlechter bezahlt als Vollzeitstellen. Vor einigen Jahren schien ja eine glanzvolle Arbeitszukunft anzubrechen: »Jobsharing« in allen möglichen Spielarten war plötzlich in aller Munde, Beruf und Privatleben sollten endlich harmonisch nebeneinander existieren. Gearbeitet werden sollte nur halbtags, ein, zwei, drei Tage die Woche oder gar im Rhythmus ein halbes Jahr Arbeit – ein halbes Jahr Freizeit.

Die Verschärfung der ökonomischen Lage in den letzten Jahren hat dieser Umorientierung ein rasches Ende bereitet – jeder, der Arbeit hat, malocht, um nur ja nicht negativ aufzufallen. »Flexibilisierung« der Arbeitszeit bedeutet nicht mehr Zeit für Familie und Privatleben, sondern Feiertagsarbeit, unbezahlte Überstunden, möglichst später Ladenschluß.

Doch nicht nur im »Wirtschafts-«, auch im »öffentlichen Raum« ist kein Platz für Kinder. Der Anblick einer Frau, die sich mit Kinderwagen und Kleinkind an der Hand in einen Bus oder eine Straßenbahn quält, ist exemplarisch. Wobei hier keineswegs »Kinderwagen-freundliche« Verkehrsmittel gefordert werden sollen. Es geht vielmehr um das gesamte Klima, in dem Mütter und Kinder sich bewegen: Die mitleidigen Blicke, wenn sich die Mutter samt Kinderwagen über die Treppen quält; die Seufzer, mit denen die Mitmenschen reagieren, wenn das Baby zu schreien beginnt; die Erleichterung, wenn Mutter, Kind und Schreihals endlich wieder aussteigen.

Politiker mögen »mehr Kinder« fordern, de facto sind Kinder ein Störfaktor. Daran ändern auch Wickelräume in – einigen wenigen – U-Bahn-Stationen und in manchen Kaufhäusern nichts.

Das Kind an sich ist es, das stört – jeder hetzt streßgeplagt durch den Alltag, nur wenn es einigermaßen reibungslos funktioniert, ist das tägliche Einerlei überhaupt erträglich. Wir haben unsere Stundenpläne nach Minuten und Sekunden ausgerichtet, jede Verzögerung kostet Geld und Nerven.

Arbeit, Freizeit, öffentlich, privat – alles ist fein säuberlich getrennt, und so soll es auch bleiben, auf diese Trennung ist unsere Realität aufgebaut.
Für Kinder gibt's Enklaven – den Spielplatz, den Kindergarten, im Supermarkt sind sie an der Kasse gern gesehen, weil sie quengeln und Mama dann doch noch ein Überraschungsei kauft. Im Fernsehen kümmert man sich schon am frühen Morgen um sie – der Werbewirtschaft sind die Kunden von morgen einiges Wert. Doch im »wirklichen Leben« gehen sie nur auf die Nerven und sind entsprechend unerwünscht – viele Kinder haben den Arbeitsplatz ihres Vaters bzw. der Mutter noch nie gesehen.

Kein »Recht der ersten Nacht«

Die Ausgrenzung des Kindes ist tiefreichend. Sie beginnt meist schon unmittelbar nach der Geburt. Zwar hat sich mittlerweile an den Geburtsstationen flächendeckend »Rooming-in« durchgesetzt – Gynäkologen und Kinderärzte haben erkannt, daß Mutter und Kind eine Einheit sind und die ständige Nähe der seelischen und körperlichen Gesundheit beider guttut. Doch schon unmittelbar nach der Entlassung aus dem Krankenhaus beginnt die Absonderung der Kinder. Das Kinderzimmer wurde mit Liebe ausgestattet, nun muß es auch bezogen werden – für Kinder gibt's kein »Recht der ersten Nacht«. Ihnen zeigt man sofort bei ihrer Ankunft in ihrem Zuhause, wo sie hingehören – aus dem Weg. Nur wenige Babys dürfen dort schlafen, wo ihr Platz wäre – an die Seite ihrer Mutter geschmiegt.
Bei Naturvölkern, wo Mutter und Kind selbstverständlich einen Schlafplatz teilen, ist der »plötzliche Kindstod« praktisch unbekannt: Leichte Bewegungen der Mutter während des Schlafens wecken das Kind immer wieder und verhindern, daß es in jene tiefe Schlafschichten absinkt, in welchen es zum gefürchteten Atemstillstand kommen kann.

In unserer modernen Welt werden Säuglinge per Babyphon oder – wenn bestimmte medizinische Befunde auf ein erhöhtes Risiko in Sachen »plötzlicher Kindstod« hinweisen – per Video- und Alarmanlage überwacht. Viele Kinder protestieren anhaltend gegen ihre Abschiebung – nicht von ungefähr gibt's bereits »Ratgeber für genervte Eltern« mit Titeln wie »Schlaf, Kindlein – verflixt noch mal!« oder »Einschlafen und Durchschlafen lernt jedes Kind«.

Häufig endet der Konflikt damit, daß Mama zwischen Kinder- und Elternschlafzimmer pendelt, um Papa und den Sprößling gleichermaßen zufriedenzustellen. Ins Elternbett darf das Baby aus mehreren Gründen nicht: Weil's aus der Mode gekommen ist und Mütter ihren eigenen Instinkten so wenig trauen, daß sie fürchten, ihr Kind im Schlaf zu erdrücken. Und weil Papa morgens zur Arbeit muß und Störungen seiner Nachtruhe befürchtet. Immer wieder wird auch das »Recht der Eltern auf ein Intimleben« genannt. Erstens wäre ein solches ja auch trotz schlafendem Säugling möglich, zweitens wird hier so argumentiert, als würden es junge Paare jede Nacht stundenlang treiben. Bekanntermaßen ist das Sexualleben während der ersten Monate nach der Geburt aber ohnehin eher weniger aufregend.

Die amerikanische Anthropologin Biruté Galdikas, die mit ihren jahrzehntelangen Feldstudien über Orang-Utans Pionierarbeit geleistet hat, wurde während ihrer Arbeit im Dschungel Borneos Mutter. Als »Zivilisationsmensch« von westlichen Sitten und Gebräuchen geprägt, sah sie sich mit einer Wohnsituation konfrontiert, die ein »normales« Familienleben unmöglich machte. Als Wissenschafterin, die sich unsere nächsten Verwandten zum Thema gemacht hat, beurteilt sie auch ihr eigenes Verhalten mit Distanz: »Hätten wir in Nordamerika gelebt, hätte (mein Sohn) bestimmt ein eigenes Zimmer mit Teddybärtapete, blauen Vorhängen, einem Mobile und viel Spielzeug bekommen. Das war auf Borneo unmöglich. Doch selbst in unserem kleinen Haus stellten wir sein Bettchen mit seinem eigenen kleinen Moskitonetz ins Wohnzimmer und nicht in unser Schlafzimmer. Etwas anderes wäre undenkbar gewesen ... Keine indonesische Mutter würde im Traum daran denken, ihr Kind nachts allein zu lassen ... Manche Handbücher zur Säuglingspflege im Westen empfahlen damals, es nicht nur hinzunehmen, wenn sich der Säugling in den Schlaf weint, sie erklärten obendrein, das sei von einem bestimmten Alter an nötig. Dieser Vorstellung schien der Gedanke zugrunde zu liegen, daß man ein Kind von Anfang an zur Selbständigkeit erziehen soll: Alleinsein formt den Charakter.«

Die Erkenntnis, daß mehr Körperkontakt für das Glück und die gesunde Entwicklung eines Kindes wichtig ist, hat sich inzwischen in manchen Bereichen durchaus durchgesetzt: So kam das Baby-Tragetuch seit den 80er Jahren immer mehr in Mode, statt auf Distanz im Kinderwagen soll das Kleinkind geborgen an Mutters oder Vaters Seite die Welt erkunden. Doch beim Schlafen, dann, wenn das Kind am hilfsbedürftigsten und schutzlosesten ist, herrscht auch heute noch weitgehend »Apartheid«.

Kinder – »Nein, danke!«?

Am intimsten Ort – dem elterlichen Schlafzimmer – haben Kinder nichts verloren. Aus dem öffentlichsten – der Straße – wurden sie ebenfalls verdrängt. De facto – »auf die Straße spielen gehen« war vielleicht noch in den 50er Jahren möglich – und im übertragenen Sinn. Kinder sind im Alltag keine Selbstverständlichkeit mehr – in weiten Bereichen spielen sie nicht die geringste Rolle, sie tauchen einfach nicht auf.

»Laut darf man das natürlich nicht sagen, aber mir geht das Getue, das viele Eltern um ihre Kinder machen, total auf die Nerven. Die sind echt verblödet, nur weil sie sich fortgepflanzt haben. Alles dreht sich ums Kind – und je rücksichtsloser sich ihr Sprößling benimmt, umso stolzer sind sie!« gesteht eine

Geborgenheit aus dem »Beruhigungsgerät«
»Die erste gefährliche Krise, in die eine junge, noch lustbetonte Ehe geraten kann, droht nach der Geburt des ersten Kindes: Das Baby liegt endlich im Bett, die genervten Eltern fiebern einem behaglichen Fernsehabend entgegen. Und dann Geschrei und Plärren aus dem Kinderzimmer. Der vereinsamte Säugling verweigert den Nachtschlaf, fluchend flieht der Vater in die nächste Destille.« So launig vermeldet »Der Spiegel« die Markteinführung einer »Einschlafhilfe für Kleinkinder«: Für billige 79,75 Mark ist das handliche Gerät zu haben. Am Kinderbettchen montiert, reagiert es prompt aufs Babygeschrei: Brüllt der »vereinsamte Säugling« los, ertönt umgehend ein beruhigendes Herzschlaggeräusch, welches »dem Kleinkind aus dem Mutterleib vertraut ist«. Schöne neue Welt im Kinderzimmer.

begeisterte Kinderlose. Es mag schon sein, daß manche Eltern in ihrer Begeisterung für den eigenen Nachwuchs übers Ziel hinausschießen, andererseits befinden sie sich tatsächlich häufig in einer Ausnahmesituation.

Wer selbst keine Kinder hat und nicht gerade in einem pädagogischen Beruf tätig ist, hat kaum je Kontakt mit Kindern. Die zunehmende Trennung von Wohn- und Arbeitsstätte seit Beginn der industriellen Revolution wurde von Soziologen vielfach beleuchtet. Daß damit auch eine Trennung der Generationen sowie eine Trennung der Kinderlosen von jenen, die Kinder haben, einherging, hat noch wenig interessiert.

Mit der zunehmenden Erwerbstätigkeit der Frauen hat sich diese Trennung weiter verstärkt – morgens geht das Kind zur Tagesmutter, in den Kindergarten oder zur Schule, abends kehrt es nach Hause zurück – seine Kontakte beschränken sich weitgehend auf einige wenige Personen – und es sind immer die gleichen. Am Wochenende oder wenn doch Tagesfreizeit daheim verbracht wird, trifft es gegebenenfalls andere Kinder am Spielplatz – doch auch da hat es nur mit wenigen und immer denselben Erwachsenen zu tun.

In Gesellschaften, wo Kinder nicht ausgegrenzt werden, sondern selbstverständlicher Teil des Lebens sind, fühlen sich nicht nur die Eltern für ihre Kinder verantwortlich. Im dörflichen Afrika etwa sorgt sich jeder Erwachsene um das Wohlergehen aller Kinder, warnt sie vor Gefahren, schlichtet Streitigkeiten, ermahnt, wenn's nötig ist. Die Kinder wiederum akzeptieren auch die – von ihren Eltern ebenfalls anerkannte – »fremde« Autorität. Kinder sind ein kollektiver »Wert«, keine »Privatsache«, die »einen nichts angeht« – und obendrein meist stört.

In unserem Kulturkreis können Erwachsene ihr gesamtes Alltagsleben ohne Kinder verbringen. Das Kind ist ihnen fremd, weil es ihnen gar nie vertraut werden kann. Was letztendlich auch seinen Niederschlag im fehlenden Kinderwunsch finden kann. Wer Kinder nur als Störenfriede kennengelernt hat, entwickelt kaum den Wunsch, selbst welche großzuziehen.

Ob wir tatsächlich mehr Kinder brauchen, das sei dahingestellt. Sicher jedoch bräuchten viele von uns mehr selbstverständlichen, ungezwungenen Kontakt zu Kindern – möglicherweise auch jene Wirtschaftsbosse und Politiker, die mit ein paar coolen Statements über die Zukunft ebendieser Kinder und ihrer Eltern befinden. Doch dafür scheint die Welt, in der wir leben, zumindest derzeit nicht gebaut.

Alles Glück der Erde

»Alte« Werte – »neue« Mütter

»Ich war eigentlich nie an Kindern interessiert, habe mich nie als Mutter gesehen. Mein Beruf war mir immer sehr wichtig, ich habe sehr viel gearbeitet, aber mein Leben interessant gefunden. Eigentlich hat meine Mutter immer von Kindern geredet, sie wollte unbedingt ein Enkelkind. Ich habe meinen Sohn erst mit 35 bekommen, und ich hätte nicht gedacht, daß mich das so glücklich machen würde. Er ist einfach das Wunderbarste in meinem Leben.«

Shiao H., Ärztin

Ein Bild sagt bekanntlich mehr als tausend Worte, und deshalb verschicken glückliche Eltern als Geburtsanzeige auch ein – meist wirklich rührendes – Babyfoto und einen kurzen – und selten einfallsreichen – Text. Tatsächlich gibt es kaum einen Anblick, der so berührt, wie der einer »frischgebackenen« Mutter – und eines ebensolchen Vaters – mit ihrem neugeborenen Kind. Hier ist eine Einheit vor Augen geführt, die in manchen Situationen im Leben angestrebt, aber kaum je erreicht wird.

Und wenn alles gutgeht, wird das Idyll tragfähig. Tiefes Vertrauen entsteht und Zusammengehörigkeit trotz der üblichen Alltagsquerelen und vielleicht auch schwererer Prüfungen. »Meine Frau hatte bereits zwei Kinder, als wir geheiratet haben«, erzählt Otmar G., Jurist, Motorradfahrer und alles andere als ein »verzopfter Familienmensch«. »Wir haben dann

noch drei eigene bekommen, und ich liebe meine große Familie. Es ist immer etwas los, und ich glaube, es ist auch für die Psyche gut. Man kann erst gar kein egoistischer Eigenbrötler werden, wenn soviel Leben im Haus ist.«
Auch Cornelia B. hat sich für »Familie« entschieden: »Ich liebe meinen Mann und meine Kinder, und es macht mir Freude, ihr Leben zu organisieren. Ich brauche keinen Beruf, keine Karriere zur Selbstbestätigung.«

»Also doch nur liebe Mutti sein?«

»Also doch nur liebe Mutti sein?« So titelte »Die Zeit« im Juli 1998 und erhob damit die Zwickmühle der »Frau von heute« in den Rang eines »Diskussionsthemas«. Doch genaugenommen ist die Diskussion darum kurz – oder endlos. Wie man es eben sehen will. Denn das Problem selbst scheint unlösbar: Eine »echte« Karriere – oder auch nur ein »Brotberuf« – und eine »echte« Familie, das paßt einfach nicht unter einen Hut.
Sicher, es gibt beruflich sehr erfolgreiche Frauen mit Kindern – aber ihr Leben ist in der Regel ein täglich aufs neue zu vollführender schmerzhafter Spagat.
Und sicher, es gibt auch die beruflich »normal« erfolgreichen Frauen mit Kindern – und auch deren Leben ist in der Regel ein täglich aufs neue zu vollführender schmerzhafter Spagat.
»Der große Taum heißt: Vereinbarkeit von Familie und Beruf. Aber die Skepsis wächst, ob das denn geht«, faßt die »Zeit«-Autorin Susanne Mayer ihr Thema zusammen und schildert in der Folge Schicksale, wie sie jeder kennt. Sie berichtet von »doppelbelasteten« Frauen, die unter der Last von Job und Familie zusammenbrechen, und von Frauen, die »nur zwei Jahre« beim Kind bleiben wollten und es nach sechs Jahren immer noch sind. Weil der »Wiedereinstieg« eben nicht klappt. Oder weil ihnen sogar davor graut. Und sie nennt »Vorzeigefrauen«, die Karriere – und mehr – gemacht haben und plötzlich ganz freiwillig alles hinschmeißen – »um sich der

Familie zu widmen«. In Großbritannien wittert der renommierte »Guardian« sogar schon eine echte »Trendwende« – immerhin hat sich ja sogar Cherie Booth, Rechtsanwältin und Ehefrau von Regierungschef Tony Blair, zum »Frau und Mutter«-Dasein entschlossen.
Tappen die Frauen also wieder »in die Falle«, gelingt es tatsächlich, die paar erfolgreichen und die ungezählten »Nur-dazu-Verdienerinnen« wieder »heim an den Herd« zu schicken? Und schlimmer noch: Finden das manche der »Ausgesperrten« womöglich auch noch gut?

Kein Schritt mehr vor – dafür zwei zurück?

Daß Mutterglück nur etwas für Dumme ist – diese Ansicht hat sich in »progressiven Kreisen« bleibend festgesetzt. Die Galionsfiguren der Frauenbewegung – Simone de Beauvoir, Alice Schwarzer – hatten »keinen Kopf« für Kinder. Waren mit Wichtigerem, mit »wirklich Wichtigem« beschäftigt.
»Eigentlich finde ich es unglaublich, daß man als engagierte Mutter so da steht«, empört sich eine ebensolche, »Kinder zu erziehen ist doch eine enorm verantwortungsvolle Aufgabe.«
Dennoch: Für die »aufgeklärten Kreise« ist die »Nur-Mutter« – oder noch schrecklicher die »Nur-Hausfrau« – eine Schreckensvision. Oder ein Objekt der Verachtung.
Die einen erkennen in den »selbstzufriedenen Müttern« die Vorhut einer neuen »Anti-Emanzipation«: Verräterinnen an der »gerechten Sache«, die dem männlichen »Klassenfeind« zuarbeiten. Die anderen sehen in ihnen Dummerchen, die offenen Auges und auch noch begeistert in die Falle der Abhängigkeit vom Ehemann tappen.
Natalie R., Anwaltsgattin und Mutter dreier Kinder, ist diese Arroganz schon lange ein Dorn im Auge. »Es ist immer das gleiche. Wir treffen irgendwo Leute, dann die Frage an mich: ›Und was machen Sie?‹ – ›Ich erziehe unsere Kinder.‹ Es folgt

betretenes Schweigen, man wechselt schleunigst das Thema. Als würde ich etwas Unanständiges tun. Dabei liebe ich mein Leben, und ich habe durchaus das Gefühl, etwas Nützliches zu tun. Ich bin meinem Mann eine vollwertige Partnerin, unterstütze ihn in jeder Hinsicht. Er ist ein guter Familienvater. Ich habe das Gefühl, wir beide sind ein gutes Team, und den Kindern fehlt es an nichts.«

Natalie R. tut, was noch vor wenigen Jahrzehnten alle Frauen taten: Sie ist Hausfrau und Mutter. Doch hat sie sich wirklich ins »Idyll von gestern« zurückgezogen? Kann es nicht sein, daß Männer und Frauen einander heute auf einer neuen Basis begegnen? Daß, was wie »gestrig« aussieht, gar nicht »gestrig« ist?

Glücklich daheim

Warum soll eine Büroangestellte, eine Zahnärztin oder eine Supermarkt-Kassierin wirklich glücklicher sein als die berühmtberüchtigte »Hausfrau und Mutter«? Oder gar wertvoller? Denn es scheint, daß es in der herrschenden Diskussion – oder Streiterei – gar nicht um »Glück« oder »Selbstverwirklichung« geht, sondern um einen abstrakten Begriff von »Wert«.

Einst war man ja aufgebrochen mit der Forderung nach dem »Hausfrauengehalt«. Die Idee hat sich zerschlagen – und ging dabei nach hinten los. Denn mit der Aussicht auf Bezahlung des Mutterjobs ging auch gleich das Prestige flöten. Dabei hatte man ursprünglich das Gegenteil im Sinn: Bezahlung sollte die von der Gesellschaft – und vor allem von den Ehemännern – nicht wahrgenommene Hausfrauen- und Mutter-»Arbeit« aufwerten, ihr den Status verleihen, der ihr eigentlich gebühren würde. Tatsächlich sind Hausfrauen und Mütter prestigemäßig heute schlechter dran als vor 20 oder 30 Jahren – ohne Geld nicht nur keine Musik, sondern auch kein positives Image.

»Dem sogenannten ›Hausfrauengehalt‹ stehe ich schon etwas

skeptisch gegenüber«, sagt eine »Nur-Mutter«, »obwohl ich ja selbst davon profitieren würde. Aber erstens bezweifle ich, daß sich so etwas finanzieren ließe. Und dann: Ein richtiger ›Job‹ ist Mutter eben nicht. Es gibt schließlich keine Qualitätskontrolle. Wenn du am Arbeitsplatz nichts leistest, bist du ihn los. Theoretisch müßte man daraufhin ›schlechten‹ Müttern und Hausfauen das Gehalt kürzen, entlassen kann man sie ja nicht. Irgendwo ist da der Wurm drin. Mutter und Hausfrau ist nicht einfach ein Beruf. Trotzdem will ich nicht als ›schlechter‹ angesehen werden als eine berufstätige Frau.«

Daß nicht alles, das einen Wert hat, auch einen Preis haben muß, ist eine alte Weisheit. Doch wir tun uns heute offensichtlich besonders schwer damit.

Arm, aber glücklich?

Daß immer mehr Frauen immer weniger Kinder haben, hat bestimmt auch ökonomische Gründe – aber die sind in manchem Fall auch »hausgemacht«. Frauen – und Männer – mit Kindern sind nicht nur »angebunden« und können ihr Leben nicht flexibel gestalten, sie müssen auch da und dort Konsumverzicht üben. Davon wird viel gesprochen: Ununterbrochen ist in der öffentlichen Diskussion die Rede davon, worauf Eltern verzichten. Kaum einer spricht davon, was sie gewinnen.

»Sicher können wir unsere finanziellen Mittel nicht so verwenden wie ein Paar ohne Kinder. Andererseits wird doch soviel Geld für absoluten Unsinn ausgegeben«, meint eine »Nur-Mutter«. »Es wäre ganz unsinnig, das Glück, das wir als Familie erleben, in Geld messen zu wollen. Aber ich finde, man sollte den Begriff Armut schon differenzieren. Wenn ich etwa in einer ›Spiegel‹-Reportage lese, wie bedauernswert arm eine alleinerziehende Mutter ist, weil sie ihren Kindern nicht den neuesten Gameboy und die besten Inline-Skates kaufen kann, dann frage ich mich schon, ob da nicht etwas schief gesehen wird. Sicher herrscht heute ein wilder Konsumismus, aber da muß man doch nicht mitmachen.«

Was Glück ist, wird auch vom gesellschaftlichen Klima bestimmt. Für Kaiserin Maria Theresia waren ihre 16 Kinder eine Gottesgabe – außerdem ließ sich die hochwohlgeborene Nachkommenschaft politisch klug verheiraten. Auch für ihre armen Untertaninnen war eine große Kinderschar eher Segen als Fluch – nach den ersten »schweren« Jahren halfen die Sprößlinge schließlich bei der Arbeit, später konnten viele Söhne und Töchter leichter für die alten Eltern sorgen.

Im Dritten Reich wurden »vielfache« Mütter öffentlich geehrt, das »deutsche Volk« sollte sich nicht nur räumlich mittels Krieg, sondern auch zahlenmäßig ausbreiten.

Heute ist Kinderreichtum keine »Glück« mehr, sondern ein Zeichen der sozial Deklassierten. Nur die ganz »Armen«, die halb – oder auch ganz – Asozialen, haben noch mehr als drei, vier Kinder. Oder die Zuwanderer aus der Türkei oder aus anderen »rückständigen« Ländern. Eben nur Leute, die kein Geld haben – oder solche, die damit nichts »Besseres« anzufangen wissen.

Wer Kinder hat, ist zu bedauern. Wer den monatlichen Gehaltsscheck ins Eigenheim oder noch besser in viele prestigeträchtige Reisen investiert, ist schlau.

Ein »Werteverfall« wird ja generell beklagt: Das »Soziale« sei auf dem Rückzug, statt »echter« Beziehungen gäbe es nur noch rasch konsumierte Kontakte. Isolation und innere Verarmung wären auf dem Vormarsch – und wahrscheinlich ist dem auch so.

Indizien dafür, daß sich das »weite Land« der Seele bei immer mehr Zeitgenossen in eine Wüstenei verwandelt, gibt es schließlich genug. Drogensucht, zunehmende Gewaltbereitschaft, Zunahme der psychischen Störungen von Panikattacken bis zu Freßsucht – all diese »Trends« werden schließlich ausführlich dokumentiert und diskutiert. Und die schwin-

dende Begeisterung für Mutterschaft, Vaterschaft und Kinder reiht sich hier nahtlos ein. Ersatzbefriedigungen haben Hochkonjunktur, und die Flucht vor den »Stunden der wahren Empfindung« ist in vollem Gang.
Nach einer deutschen Untersuchung bekennt sich bereits jede fünfte junge Frau ohne Bedauern zur Kinderlosigkeit. Und bestimmt sind diese bewußt »Kinderlosen« nicht ausschließlich »Karrierefrauen« oder »zu arm« für Kinder. Aber ihre Vorstellung von »Glück« – und die Vorstellung ihrer männlichen Partner – sieht eben anders aus.

Wir Troerinnen

Nachwort

Die Idee eines »Gebärstreiks« ist nicht neu. Erstmals dokumentiert wurde sie im 5. Jahrhundert v. Chr. vom griechischen Dramatiker Euripides: In seinem Stück »Die Troerinnen« versagen sich die Frauen Trojas ihren Männern, um diese zu zwingen, den unseligen Krieg endlich zu beenden.

Auch die kinderlosen Frauen heute wollen eine Wende erzwingen – ob sie das nun wissen oder nicht.

Der Rückgang der Geburten hat viele und vielschichtige Gründe – was auf den vorangegangenen Seiten zu zeigen war. Doch die vielfältigen Facetten des Themas zeigen nicht nur die Breite des Problems, sie enthüllen auch dessen Grundstrukturen. Wenn Frauen keine Kinder bekommen, verweigern sie sich – sei es nun bewußt oder unbewußt.

Zuviel läuft schief in unserer »schönen, neuen Welt«, und auch die, welche sich scheinbar im »global village« des hemmungslosen Konsums, der sozialen Vereinzelung, der rücksichtslosen Umweltzerstörung wohl fühlen, reagieren auf diese Bedrohungen.

Die Forderung der Politiker nach »mehr Kindern« ist ebenso lächerlich wie jene nach »Verlängerung der Lebensarbeitszeit«. Die Umstände sind eben nicht so: Jeder Arbeitnehmer über 45 muß de facto um seinen Job zittern – einfach weil die Jungen billiger und – angeblich – williger sind. Ob das gesetzliche Pensionsalter nun 55 oder 65 Jahre beträgt, ist den Entscheidungsträgern in der Wirtschaft egal.

Ebenso egal ist jenen, welche die wirtschaftliche und politische Macht innehaben, daß Frauen, um Mütter sein zu können, eben bestimmte Rahmenbedingungen brauchen. Ein Nachdenkprozeß wird wohl erst einsetzen, wenn die Konsumenten für die so kostengünstig produzierten Produkte fehlen. Und das wird wohl noch eine Weile dauern.
Früher kamen die Kinder zwangsläufig – auch unter den schlimmsten ökonomischen und sozialen Bedingungen wurden Frauen schwanger und Mütter, weil der Sexualtrieb – zumindest der der Männer – stärker war als die Vernunft.
Heute können – wenigstens in den Industriestaaten – Frauen frei entscheiden, ob sie Kinder haben wollen oder nicht. Und ob sie sich für oder gegen die Mutterschaft entscheiden, sagt nicht nur etwas über ihre individuelle Befindlichkeit aus, sondern auch einiges über die Welt und Zeit, in der wir leben.
Ob eine Frau Mutter wird, weil sie ein Kind zur Selbstbestätigung braucht oder Angst vor der Einsamkeit hat. Ob sie auf die Mutterschaft verzichtet, weil sie ungebunden und ohne Verantwortung leben will. Ob ein Paar ein Kind bekommt, weil es einen glücklichen Menschen großziehen und ihm all die Liebe geben will, die es bei den eigenen Eltern vermißt hat. Oder ob es auf die Elternschaft verzichtet, weil es kein Kind in *diese* Welt mit ihren düsteren Zukunftsaussichten setzen will. Ob eine Frau auf ihr Wunschkind verzichten muß, weil sie und ihr Partner Fruchtbarkeitsprobleme haben, oder ob sich eine Frau die Spermien eines »Traummanns« in der Samenbank bestellt, um sich ein kleines Genie heranzuzüchten. Ob in einer wohlhabenden Familie ein Erbe fürs Vermögen gezeugt wird oder in einer mittellosen ein Kind abgetrieben, weil die Eltern meinen, ihm nichts auf den Lebensweg mitgeben zu können. Ob eine erfolgreiche Frau schwanger wird, weil sie auch dieses Erlebnis in ihrem Leben abhaken möchte oder ob eine andere kein Kind bekommt, weil sie ihre labile Psyche nicht weitergeben möchte. Ob ein Paar mit allen Mit-

teln der Reproduktionsmedizin es doch noch schafft, sich fortzupflanzen oder ob ein anderes Paar aufs Eltern-Sein verzichtet, weil es meint, daß seine Gene nicht so einmalig wären, daß sie unbedingt vererbt werden müßten.

Alle diese Motivationen, Kinder zu bekommen oder es sein zu lassen, spiegeln nicht nur persönliche Wünsche, Ängste und Befindlichkeiten – sie sind auch Ergebnis und Triebkraft gesellschaftlicher Prozesse.

In früheren Zeiten kamen die Kinder zwangsläufig – und in vielen Weltgegenden tun sie das heute noch – mit fatalen Folgen vor allem auch für die Kinder selbst. Straßenkinder in Bukarest oder Mexiko City, Kindersklaven in Kalkutta oder Karatschi, Kinderprostituierte in Bangkok oder Rio – wo Kinder »Massenware« sind, werden sie wie solche behandelt.

In den westlichen Industriestaaten haben Frauen heute die Möglichkeit, sich von den biologischen Zwangsläufigkeiten zu befreien – und immer mehr nutzen diese auch.

Manche mögen auf die Gründung einer Familie verzichten, weil sie einen – angeblich – locker-vergnüglichen Lebensstil nicht gegen die Verantwortung der Mutterschaft tauschen möchten (auch wenn sie sich damit eine Beziehung entgehen lassen, die an Tiefe und Innigkeit kaum übertroffen werden kann).

Andere verzichten aus anderen Gründen aufs Kind: Weil sie glauben, keine guten Mütter sein zu können, weil sie in diese Welt mit ihren immer drastischer zerstörten Lebensgrundlagen, den immer unsicherer sich gestaltenden wirtschaftlichen und sozialen Verhältnissen kein Kind setzten möchten.

Beide Gruppen, die »egoistischen« und die »verantwortungsvollen« Kinderlosen, spiegeln nur zwei Seiten derselben Medaille: Sie sind Produkte einer Realität, in der kurzfristige, egozentrische Befriedigung weit mehr zählt als tiefreichende, dauerhafte Beziehungen. Und in der dem Profit alles geopfert wird – sogar die Welt, in der wir leben.

Es ist keineswegs so, daß das in der »guten, alten Zeit« besser gewesen wäre, als es vor Kindern nur so wimmelte. Damals war der Kindersegen ein »Naturereignis«. Heute bestimmt jede Frau für sich, ob sie Mutter werden will. Immer mehr entscheiden sich dagegen – und manchen nimmt der eigene Körper die Entscheidung ab.
»Vom Aussterben bedroht!« betitelte die britische Wissenschaftsjournalistin Deborah Cadbury ihr Buch zum Thema »Chemische Bedrohung der Fruchtbarkeit«. Nun, ganz so ernst ist die Lage nicht, es werden immer noch wesentlich mehr Menschen geboren als das Zeitliche segnen.
Tatsache ist jedoch, daß die Geburtenraten in den Industriestaaten ein historisches Tief erreicht haben. Wie Demoskopen meinen, ist dadurch bereits der Generationenvertrag bedroht: Immer weniger Erwerbstätige werden in Zukunft die finanziellen Mittel für immer mehr Pensionisten aufbringen müssen.
Und es geht nicht nur ums Geld – auch in anderen Bereichen machen die niedrigen und weiter sinkenden Geburtenraten den Experten Sorgen: Wie wird sich eine Gesellschaft darstellen, die zum überwiegenden Teil aus Greisen und Kranken besteht? Welche psychosozialen Auswirkungen wird das Übergewicht der »Alten« zeitigen?
Andererseits: Sind diese Probleme wirklich einfach durch »mehr Kinder« zu lösen? Wäre es wirklich sinnvoll, ökologisch empfehlenswert und vor allem ethisch vertretbar, die Geburtenraten in den »reichen« Ländern anzukurbeln, während in den »armen« Millionen »überflüssige« Kinder unter unmenschlichen Umständen vegetieren?
Die menschliche Reproduktion ist in der Krise. Doch was heißt das wirklich? Der Begriff »crisis« kommt aus dem Griechischen und bedeutet schlicht und einfach »Entscheidung«. Nicht nur jede Frau im gebärfähigen Alter, wir alle stehen am Scheideweg.
Doch jede Entscheidung beinhaltet auch eine Chance. Ein

Zurück in die überkommenen Formen des »traditionellen Frauenbildes«, zu den drei Ks »Kirche, Küche, Kinder«, scheint – zumindest zur Zeit und im westlichen Kulturkreis – unmöglich. Zum Glück.
Niemals in der Geschichte der Menschheit standen uns derartige ökonomische Möglichkeiten zur Verfügung, ein – ökologisch verträglicher – »Wohlstand für alle« wäre machbar. Es könnte voran gehen – in eine Realität, wo Kinder kein Störfaktor, Mütter keine Leidensgefährtinnen und kinderlose Frauen keine Feindbilder sind.
Dafür wären allerdings wirkungsvolle politische, wirtschaftliche und soziale Veränderungen nötig. Das bloße Geschrei nach »mehr Kindern« reicht dazu nicht.
Wenn Frauen in Gebärstreik treten, ist das ein Alarmsignal, das nicht überhört werden kann. Die Troerinnen wollten einen sinnlosen Krieg beenden, ihre Schwestern heute kämpfen an vielen Fronten. Wenn sie nicht gewinnen, verlieren wir alle.

Literatur

Michelet: Die Hexe, Leipzig 1863
Gélis: Die Geburt, München 1989
Duin, Sutcliffe: Geschichte der Medizin, Köln 1993
Van Dieren: Mit der Natur rechnen, Birkhäuser 1995
Kotrschal: Im Egoismus vereint?, München 1995
Panati: Universalgeschichte der ganz gewöhnlichen Dinge, Frankfurt 1995
Colborn, Dumanoski, Myers: Die bedrohte Zukunft, München 1996
Allman: Mammutjäger in der Metro, Heidelberg 1996
Kuckenburg: ...und sprachen das erste Wort, Düsseldorf 1996
Taylor: Sexualität der Vorzeit, Wien 1997
Nesse, Williams: Warum wir krank werden, München 1997
Engelhardt: Das Ende der Artenvielfalt, Darmstadt 1997
Fischer Atlas zu Lage der Welt, Frankfurt 1996, Fischer Weltalmanach 1998, Fischer Globale Trends 1998

Für besinders rasch erteilte Informationen bedankt sich die Autorin bei folgenden Institutionen und Personen:
Statistisches Bundesamt für Deutschland
Österreichisches Statistisches Zentralamt
Rosemarie Heber, Leserdienst der Zeitschrift ELTERN
Anke Willers, Redakteurin der Zeitschrift ELTERN

Außerdem gilt mein Dank all jenen Frauen und Männern, die ihre persönlichen Meinungen und Erfahrungen zum Thema »Elternschaft« für dieses Buch freimütig geäußert haben.

Bildnachweis

Bob Croxford: S. 43; »Eltern« / Picture Press (Baumgartl): S. 79, 161; »Eltern« / Picture Press (Hauser): S. 25; »Eltern« /Picture Press (Raith): S. 171; »Eltern« / Picture Press (Rüffler): S. 99, 113; Naturhistorisches Museum Wien: S. 119; Privatarchiv Dee: S. 14, 15, 177; Sipa Press / Vienna International Pictures (Spengler): S. 49.

Sylvia Schneider

Brave Frauen kommen in die Wechseljahre – böse kommen weiter

Der andere Ratgeber

Eine Frau durchlebt viele Lebensphasen. Keine davon ist eine Krankheit. Auch nicht die Wechseljahre. Sylvia Schneider macht Schluß mit dem negativen Bild der Menopause und zeigt, wie schön das Leben über 50 sein kann.

176 Seiten